译文纪实

THE DEMON IN THE FREEZER

Richard Preston

[美] 理查德·普雷斯顿 著　　　小庄 译

冷柜里的恶魔

上海译文出版社

机会青睐有准备的头脑。

——路易·巴斯德

目　录

空气里有东西

向内之旅
2001 年 10 月 2 日至 6 日

1970 年代初，英国修图师罗伯特·史蒂文斯（Robert Stevens）来到美国佛罗里达南部，接受了棕榈滩县出版的《国家询问报》（*National Enquirer*）的一份工作。在那个年代，超市小报的修图师们往往会使用喷枪（现在是电脑）处理"新闻图片"，让世界领导人和外星人的握手更显清晰，或者让体重 300 磅的六月龄婴儿更有冲击力。《国家询问报》当时正在远离"我吃了丈母娘的头"这类故事，史蒂文斯被誉为该行业最好的修图师之一，编辑们招他进来，希望给这份报纸带来一些品位。他们给的报酬比他在英国小报工作时要多得多。

史蒂文斯搬到佛罗里达时三十岁出头。他买了一辆红色雪佛兰皮卡，里面装了台民用波段无线电，后窗黏了张美国国旗贴纸，国旗旁装了副枪架。他并没有枪，枪架是用来放鱼竿的。他花了很多时间在佛罗里达南部的湖泊和运河上，用封闭式鱼线轮钓鲈鱼和可以煎食的小鱼，经常在上下班路上停下来往水里放鱼线。他成了一位美国公民，会在酒吧里一边和朋友们喝上一两杯吉尼斯啤酒，一边跟他们解释宪法。"鲍比是我认识的唯一的英国乡巴佬。"他最好的一位朋友汤姆·威尔伯跟我说。

史蒂文斯的最佳作品往往会让《国家询问报》招来诉讼。电视明星弗雷迪·普林兹开枪自杀后，他把两张照片无缝拼接成了普林兹和拉奎尔·韦尔奇一起参加聚会，暗示两人曾是恋人，这引发了一场官司。他对一张长脖子女人的照片做了夸张处理："长颈鹿女人"。长颈鹿女人提起了诉讼。他最著名的修图作品是一张猫王埃尔维斯死后躺在棺柩里的照片，登上了《国家询问报》封面。在史蒂文斯的版本中，猫王原本浮肿的脸看起来比殡仪馆手工修容后要好很多。

　　罗伯特·史蒂文斯是一个心地善良的人。他会锉掉鱼钩上的倒钩，这样就可以把钓到的很多鱼放生，还会照顾房子周围沼泽地里的野猫。他身上有一些孩子气。即使他六十多岁的时候，附近的孩子们也会跑来敲门，问他的妻子莫琳："鲍比能出来玩吗？"在去世前不久，他开始为《太阳报》工作，这是一家由美国媒体公司（American Media）出版的小报，该公司也是《国家询问报》的所有者。两家小报在博卡拉顿市共享一栋办公楼。

　　9月27日，星期四，罗伯特·史蒂文斯和妻子驱车前往北卡罗来纳的夏洛特市，看望女儿凯西。他们去了烟囱石公园徒步，那里每年秋天都会出现五百多只迁徙的鹰同时翱翔于空中的壮观景象，莫琳为丈夫拍了一张以群山为背景的照片。到了星期天，史蒂文斯感觉不舒服。两人当晚离开返回佛罗里达，回家的路上他感觉胃不舒服。星期一，他开始高烧，变得语无伦次。次日凌晨2点，莫琳把他带到棕榈滩县约翰·肯尼迪医疗中心的急诊室。那里的一位医生认为他可能是脑膜炎。五个小时后，史蒂文斯开始抽搐痉挛。

　　医生给他做了脊椎穿刺，抽出的液体是浑浊的。传染病专家拉里·布什博士查看了这些液体的涂片，其中充满了末端扁平的杆状细菌，有点像细长的通心粉。用革兰氏染色法染色后，细菌呈现为蓝色——它们是革兰氏阳性的。炭疽，布什医生想到了这个词。炭疽，即炭疽杆菌，是一种能够形成孢子的单细胞细菌微生物，在淋巴和血液中它会爆炸性地生长。到10月4日星期四，一个州立实验室证实了这一诊断。史蒂文斯的症状与吸入性炭疽病一致，由人吸入孢子引起。这种疾病极为罕见。在过去一百年里，美国只有18个吸入性炭疽病的案例，最后一个报告的病例是二十三年前。炭疽之所以突然出现在布什博士的脑海中，与最近的新闻不无关系，据报道说两名"9·11"事件中的劫持者曾踩点佛罗里达南部的机场，打听租用农药喷洒飞机。炭疽菌可以用一架小型飞机来散发。

史蒂文斯进入昏迷状态，10月5日星期五下午4点左右，他出现了致命的呼吸停止。几分钟后，他的一位医生给亚特兰大的联邦疾病控制与预防中心（CDC，疾控中心）打了个电话，与传染病病理科主管谢里夫·扎基（Sherif Zaki）博士进行了通话。

谢里夫·扎基的小办公室在疾控中心一号楼的二层。大楼走廊由白色水泥砖砌成，地板上铺了油毡。中心的几幢大楼挤在一起，由人行道连接，坐落于亚特兰大东北部的一个狭小园区，地处一片绿色丘陵之中。一号楼是砖砌长方形建筑，装着铝框窗户。它建于1950年代，那些窗户看起来好像自打建好后就没有清洗过。

扎基是一个四十多岁、腼腆安静的男人，举止温和，体态微蜷，脸庞圆润，淡绿色眼中瞳孔亮亮的，给人一种目光锐利的感觉。他说话时吐词精准，声音低沉。扎基来到走廊上，他的病理小组经常聚在那里讨论正在处理的病例。"史蒂文斯先生去世了。"他说。

"谁来验尸？"有人问。验尸是指尸检，即尸体解剖。

扎基和他的小组来验尸。

第二天清晨，10月6日星期六，谢里夫·扎基和他的疾控中心病理学家小组乘坐一架包机抵达西棕榈滩，一辆面包车将他们带到棕榈滩县法医办公室，该办公室有两座现代化的单层建筑，坐落于机场附近一片工业用地的棕榈树下。他们带着大包小包的工具和装备，直接去了验尸室。这是位于其中一幢楼中心的一个开放的大房间，里面正在进行两具尸体的解剖。棕榈滩县的法医们正弯腰对着桌子上切开的尸体，空气中弥漫着一股粪臭，这是验尸时的正常气味。当疾控中心的人进入时，验尸人员停止了工作。

"我们是来协助你们的。"扎基平静地说道。

验尸人员礼貌、配合，但没有眼神交流，扎基感觉到他们很害怕。史蒂文斯的尸体含有炭疽菌细胞，尽管死亡时间还不够长，这些细胞还未变成大量的孢子。无论如何，他体内的孢子都是湿的，湿炭疽孢子远不如干孢子危险，干孢子可以像蒲公英种子一样飘浮在空气中，寻找肥沃的土壤。

疾控中心的人打开停尸房冰箱的一扇门，拿出一个托盘。尸体已被放入特卫强①尸袋，拉上了拉链。他们没有打开袋子，而是把着肩和脚将尸体抬起来，放到一个光板金属轮床上。轮床被推入一间库房，他们关上了身后的门，接下去将在封闭的房间里验尸，以防解剖台被孢子污染。

棕榈滩县的首席法医丽莎·弗兰纳根博士准备做初步切口，而扎基和他的人负责器官检查。弗兰纳根是一个苗条、自信的女人，享有一流法医的声誉。每个人都穿上了防护服，戴上 N - 100 生物防护口罩、透明塑料面罩、发套、橡胶靴和三层手套。中间层手套用凯夫拉纤维②加固。然后他们拉开了袋子的拉链。

---

① Tyvek，杜邦旗下的一个医疗用包装袋牌子。——译者
② Kevlar，杜邦研制的一种高强度、高性能的纤维材料，经常在军事途径使用，如防弹衣。——译者

疾控中心的人抬起尸体，从肩和腿部下方抓住，将袋子从底下脱出。他们将尸体放回轮床光秃秃的金属板上。史蒂文斯曾是一个长相讨喜、外表开朗的人，现在他脸色发青，眼睛半睁。

赫拉克利特曾说过，一个人死的时候，一个世界也随之消逝。死者脸上可怕的人类表情让谢里夫·扎基感到不安。很难想象这个人活着时的画面并把它们和轮床上的尸体联系起来。这对解剖人员来说是最困难的事情，而且你永远无法克服它，真的。扎基不想把那个活着的人和这具尸体联系起来。你必须把它放在一边，你不能去想它。他现在的职责是确定史蒂文斯所患疾病的确切类型，了解他是否吸入了孢子，或许是通过其他方式被感染的。这可能有助于拯救生命。然而，切开一具不可捉摸的身体是很难的，在一次艰难的验尸后，一整个星期谢里夫·扎基都会感到不自在。"这不是一个正能量的过程。"扎基对我说。

解剖人员把史蒂文斯侧翻过来，在明亮的灯光下检查他背部是否有皮肤炭疽迹象，但什么都没找到，于是又把他放平了。

弗兰纳根医生拿起一把手术刀，将刀尖按压在肩部下方胸部左上角的位置。她做了一个弯曲的切口，从乳头下面穿过胸部，向上直达对面的肩膀。然后，从胸骨顶部开始，她又做了一个直切口，向下直达太阳神经丛①。这就切出了一个看起来像 Y 的形状，只不过顶部是弯曲的。她以横跨太阳神经丛的短横切收尾。打开的切口看起来非常像一个酒杯的轮廓。

弗兰纳根医生抓住胸部的皮肤，向上拉，剥了下来。她把这层皮肤绕在死者脖颈处。她把胸部两侧的皮肤拉开，露出肋骨和胸骨。她拿起一把园艺剪，将肋骨一根根剪断，在胸骨周围剪出一个大圈。这

① 腹腔神经丛的俗称，分布在腹腔器官的周围。——译者

是为了释放胸板，即肋骨的前端。剪完肋骨后，她的指尖推到胸板下面，向上撬它，就好像从盒子里面打开一个盖子。

当弗兰纳根抬起胸板时，一股血腥的液体从肋骨下涌出，顺着身体往下流，漫在轮床上，然后淌到了地板上。

胸腔里充满了血腥的液体。房间里的人都不曾对死于炭疽病的人做过尸检。扎基研究过苏联对炭疽病受害者进行尸检的照片，1979年春天，从斯维尔德洛夫斯克（叶卡捷琳堡）的一个生物武器制造设施中泄漏了一缕细碎的炭疽粉尘，在下风处至少杀死了66人，但那些照片无法让他对此人胸腔中涌出的液体做好准备。他们要花很长时间打扫房间。血腥的液体中充满了炭疽菌细胞，当它们接触空气后，这些细胞很快就会变成孢子。

弗兰纳根博士退后一步。轮到疾控中心小组出场了。

疾控中心的人想查看一下胸部中央的淋巴结。扎基用指尖轻轻地将肺部分开，拉到两边，露出心脏。心和肺都被红色液体所淹没。他看不到任何东西。有人拿了一个勺子过来，他们开始用它舀出胸腔内的液体，倒入容器中，最终他们舀出了几乎1加仑的液体。

扎基慢慢地往胸内探查。他用手术刀切除心脏和一部分肺，这就露出了胸部的淋巴结，正位于支气管分叉正下方。健康人的淋巴结是豌豆大小的苍白结节，史蒂文斯的淋巴结则是李子大小，看起来也和李子一模一样——很大，有光泽，呈深紫色，接近黑色。扎基用手术刀切了一个"李子"。刀锋一过，它就解体了，露出血淋淋的内部，被出血浸透。这表明杀死史蒂文斯的孢子是通过空气进入肺部的。

完成尸检后，病理学家们把他们的工具收在一起，并将其中一些留在了尸腔内。手术刀、园艺剪、剪刀、刀子、勺子——解剖工具现在都被炭疽污染了。该小组认为，处理这些工具最安全的做法是销毁它们。他们用吸水棉絮填充尸腔，工具周围也塞满，并把尸体放入新的双层尸袋。然后，他们用刷子和装满化学品的手泵喷雾器，花了几个小时对供应室、袋子、轮床、地板——所有与尸检所产生液体有接触的东西进行消毒。罗伯特·史蒂文斯被火化了。谢里夫·扎基后来回忆说，当他从史蒂文斯胸部舀出红色液体时，"谋杀"这个词从未进入自己的脑海中。

在罗伯特·史蒂文斯死亡前一天，由布拉德利·帕金斯（Bradley Perkins）博士领导的疾控中心调查小组抵达了博卡拉顿市，开始追踪史蒂文斯过去几周的行动，想找到他接触炭疽的源头。他们认为，这必定是环境中的一个点，因为炭疽病不会在人与人之间传播。他们分成三个搜索小组。一个小组飞往北卡罗来纳，查访烟囱石公园，另外两个小组则在博卡拉顿市附近寻找。他们心里想着的都是恐怖分子，但帕金斯希望小组能确保不错过一头可能躺在史蒂文斯的某个钓鱼点旁边的炭疽病死牛。

他们给急诊室和实验室打电话，询问是否有不明原因呼吸道疾病的报告，或从医疗样本中发现可能是炭疽菌的微生物报告。一个名叫埃内斯托·布兰科的七十三岁老人出现了。布兰科因呼吸道疾病在迈阿密雪松医疗中心住院，他恰好是罗伯特·史蒂文斯的工作地美国媒体公司大楼收发室的负责人。医生从他身上取了一个鼻拭子，拭子在培养皿中长出了炭疽菌。布兰科和史蒂文斯没有社交来往，两人唯一有交集的地方就在美国媒体公司大楼里。

疑似源头点的所在区域突然缩小了，疾控中心小组带着拭子套件前往美国媒体公司大楼。（拭子套件是一个塑料试管，里面装着无菌医疗拭子，它看起来有点像棉签，带着细木柄。你可以擦拭某个感兴趣的区域，然后将棉签推入试管，折断木柄，盖上试管并贴上标签。

之后，将拭子刷在培养皿表面上，被拭子捕获的微生物就会在那里生长，形成斑点和菌落。）当拭子用到快不够时，帕金斯他们决定，为《太阳报》摄影部门的邮筒做个检测。

从邮筒里取出的拭子被证明含有大量炭疽孢子。它被刷在一个装满血琼脂（羊血混在冻胶中）的培养皿上，验尸同一天下午的晚些时候，炭疽菌落和斑点在血琼脂上长得非常旺盛。这些斑点呈浅灰色，像玻璃粉一样闪闪发光——它们具有典型的、带闪的炭疽菌外观。邮件中一定有满是孢子的东西寄了过来。这意味着导致疫情暴发的点源并不存在于自然界中。10 月 6 日星期日晚上，布拉德利·帕金斯打电话给疾控中心主任杰弗里·科普兰（Jeffrey Koplan）博士。"我们有证据表明罗伯特·史蒂文斯是被谋杀的，"他对科普兰说，"联邦调查局需要全力介入此事。"

公报不知何处来
2001 年 10 月 15 日

华盛顿特区一个温暖的秋日，早上 10 点，一个女人（她的名字没有被公开）正在特拉华大道上的哈特参议院办公大楼里拆信。她在参议院多数党领袖、参议员汤姆·达施勒的办公室工作，正在处理上周五收到的邮件。这位女士划开了一个手写信封，上面有回信地址，写着新泽西富兰克林公园绿谷小学四年级某班。信封用透明胶带紧紧封着。她抽出一张纸，与此同时有骨白色粉末掉了出来，落在地毯上。从纸上还飘下来一撮灰，形成了一个小卷，就像从一支被掐灭的蜡烛中升起的烟雾，然后消失。

在此之前，含有灰色、易碎、颗粒状炭疽菌的信件已抵达纽约市的美国全国广播公司办公室，收件人是汤姆·布罗考，以及哥伦比亚广播公司、美国广播公司①和《纽约邮报》的办公室。有数人感染了皮肤炭疽病。新闻媒体广泛报道了十天前罗伯特·史蒂文斯因吸入性炭疽病而死亡的事件。这位女士把信扔进了一个废纸篓，并打电话给国会警察。

信封中的那些颗粒没有味道，也看不见，在气流冲击下被吸入大楼里的高容量空气循环系统。等到有人想起来关闭它的时候，风扇在整个哈特参议院办公大楼内又运转了四十分钟。最后，大楼被疏散，空置六个月，清理工作花费了2 600万美元。

美国联邦调查局（FBI）的危险物质反应部门（HMRU）驻扎在弗吉尼亚匡提科的FBI学院的两座大楼里。当出现事态严重或可确定的生物恐怖活动威胁时，HMRU小组将被派去评估危害，收集潜在危险证据，并将其运送到实验室进行分析。

在国会警察接到达施勒参议员办公室那位女士的电话后不久，一个HMRU特工小组就被从匡提科派遣过来。国会警察封锁了参议员的办公室。HMRU小组穿上特卫强防护服，戴上口罩和呼吸器，从废纸篓中取出信件，进行了炭疽菌快速检测——他们放了一点粉末到试管中搅了搅。结果呈阳性，尽管该检测并不特别可靠。这是一次对犯罪现场的法医调查，所以小组成员进行了法证分类。他们用铝箔纸包住信封和信件，装进密保诺密实袋，并在袋子上贴上证据标签。他们还用美工刀切下了一块地毯。所有证据都被放入白色塑料容器中。每个容器都标有生物危害标志，并用一条红色证据胶带封住顶部。下午早些时候，两名来自HMRU的特工将这些容器放入一辆没有标记

---

① 美国全国广播公司、哥伦比亚广播公司、美国广播公司并立为美国的三大商业广播电视公司，简称分别为NBC、CBS、ABC。——译者

的 FBI 用车的后备厢中，驱车向北驶出华盛顿，沿着环城公路行驶。他们在 270 号州际公路上转向西北，驶向马里兰弗雷德里克郊外的德特里克堡。

270 号州际公路的路况总是很糟，但 HMRU 特工们抵住了在车辆中绕行的诱惑，只是跟随着车流。当日天气炎热，雷雨交加，对 10 月份来说温度太高了。270 号州际公路穿过起伏的山麓。这条路被称为马里兰生物技术走廊，沿途排着几十家生物技术公司和专攻生命科学的研究机构。这些生物技术公司入驻中等规模的建筑物，建筑物通常用深色或镜面玻璃覆盖，和一些办公园区混在一起。

开到盖瑟斯堡以外，办公园区变得稀疏，土地展开为一片片农场，不时被褐色的山核桃和黄色的白蜡树的树丛所打断。白色的农舍在田间闪闪发光，玉米秆上的玉米正在晾晒。凯托克廷山出现在地平线，染上了锈色和金色的轮廓，这是阿巴拉契亚山脉上一个较低的起伏。车行至德特里克堡正门，那里停着一辆艾布拉姆斯坦克，炮管正对着弗雷德里克市区。此时距离"9·11"事件过去仅仅一个多月，德特里克堡仍处于德尔塔（四级）警戒状态，这是准备应对袭击的最高警戒级别。警卫人员比往常要多，他们醒目地配备了 M16 步枪，并对所有车辆进行搜查，但 HMRU 的车未经搜查就通过了。

特工们驶过阅兵场，把车停在美国陆军传染病医学研究所（USAMRIID）对面的一块空地上，该研究所是美国主要的生物防御实验室。USAMRIID 的读音是"you-sam-rid"，但很多人就称它为 Rid，或者直接叫研究所。USAMRIID 的任务是开发针对生物武器的防御措施，包括药物和方法，并协助保护民众免受生物武器的恐怖袭击。有时他们也为外部"客户"也就是美国政府的其他机构工作。德特里克堡原本是陆军细菌武器的研发中心，直到 1969 年，理查德·尼克松总统关闭了国内所有的进攻性生物战项目，他们也就失去了这个功能。三年后，美国签署了《生物和毒素武器公约》（*Biological Weapons and Toxin Convention*）①，简称 BWTC，该公约禁止发展、拥有或使用生物武器。已有一百四十多个国家签署了 BWTC，其中有的遵守条约，有的并没有。

USAMRIID 主楼是一幢灰褐色的两层建筑，看起来像一个仓库。它几乎没有窗户，管状烟囱从屋顶上冒出。该建筑占地 7 英亩，其中心附近有一些生物隔离室——几组被密封起来并保持负压的实验室房间，这样就不会有任何传染性物质泄漏出来。这些套间被划分为不同的生物安全等级，从生物安全二级到三级，最后到四级，四级是最高等级，在这里，穿着生物防护太空服的科学家们与热剂（致命的、不可治愈的病毒）一起工作。（生物防护太空服是一种覆盖全身的加压塑料服，有一个带透明面罩的软塑料头盔，通过软管和空气调节器来实现无菌空气供给。）大楼烟囱一直在排放经过强过滤和强过热的灭菌空气，这些空气是从生物隔离区抽出来的。USAMRIID 被混凝土屏障包围，以防卡车炸弹冲进来炸毁一个生物安全四级套间，将热剂释放到空气中。

HMRU 特工打开汽车后备厢，拿出生物危险品容器，把它们从停车场搬进 USAMRIID。在一个小前厅里，特工们见到了一位名叫约翰·埃泽尔（John Ezzell）的平民微生物学家。埃泽尔是一个高大、瘦长、绷得很紧的人，有卷曲的灰发和浓密的胡须。认识他的FBI 人员都喜欢提到埃泽尔开一辆哈雷·戴维森摩托，他们喜欢他的风格。自 1996 年 HMRU 成立以来，约翰·埃泽尔一直是他们的炭疽专家。多年来，他分析了由 HMRU 收集的数百个假定炭疽样本。这

---

① 全称《禁止细菌（生物）和毒素武器的发展、生产及储存以及销毁这类武器的公约》，简化为《禁止生物武器公约》。1972 年 4 月 10 日在华盛顿、伦敦、莫斯科开放签署。1975 年 3 月 26 日生效。——译者

些样本最终都被证明是恶作剧，或是试图制造炭疽的失败尝试——黏液、婴儿爽身粉、泥土，你能想到的都有。当埃泽尔为 HMRU 分析样本时，他经常住在 USAMRIID 大楼里，睡在实验室旁边的一张折叠小床上。特工们之前给他带来过许多样本——炭疽威胁在过去曾发生过多次。FBI 已经成为该研究所的一个重要客户。

他们穿过一些安全门，拐到一条有绿色水泥砖墙的走廊，在 AA3 套间的门前停下，这是一组生物安全三级的实验室房间，埃泽尔在那里工作。特工们将容器正式移交给 USAMRIID，并给了埃泽尔一些监管链表格，或称"绿表"，这些表格必须与证据一起保存，以备在庭审中使用。

埃泽尔把这些容器搬进套间入口处的一个小更衣室。他脱光衣服，穿上绿色外科手术服，但没穿内衣。他戴上手术手套，套上运动鞋和靴套，罩上长袍，在鼻子和嘴上戴了一个呼吸器。埃泽尔已经接种了炭疽疫苗——USAMRIID 所有的实验室工作人员每年都要注射一次炭疽疫苗强化针。接下来他把容器搬到 AA3 套间的实验室，并把它们放在层流罩里——这是一个正面敞开的玻璃安全柜，风扇装置将样品周围的空气往上抽，保护实验员不受污染。

埃泽尔撕开证据胶带，打开容器和袋子，小心地拆开铝箔包。一撮丝滑的灰褐色粉末从上面脱落，飘到空气中，并上升到防护罩。一个铝箔包内的信封中有大约 2 克粉末——足够装满一到两个糖包。信封上盖了"新泽西州特伦顿市，10 月 9 日"的邮戳。

他打开了另一个铝箔包，里面就是信封里的那封信。上面用大写印刷体写着：

09 - 11 - 01
你无法阻止我们。

我们有炭疽菌。

你现在就要死。

你害怕吗？

美国去死吧。

以色列去死吧。

真主至大。

约翰·埃泽尔拿起一把金属刮刀，慢慢地将它滑进信封。他用刮刀尖刮了少量粉末，取出来举到层流罩里。他本想把粉末放入试管，但它们却开始从刮刀上飞走，小颗粒在罩内气流的拉动下向上起舞，直奔罩顶。这些粉末呈现暗淡、均匀、轻浅的褐色。它在炭疽快速现场测试中呈阳性，而且也具有生物武器的外观。"哦，我的上帝。"埃泽尔大声说道，盯着从刀上飞下来的微粒。

国家安全
2001 年 10 月 16 日

在汤姆·达施勒办公室打开炭疽信件后的第二天凌晨，USAMRIID 的资深科学家彼得（皮特）·耶林（Peter Jahrling）被寻呼机声吵醒了。耶林住在华盛顿远郊的一幢分层小平房里。房子是黄色的，围着尖桩篱栅。妻子达里娅睡在他身边，孩子们也在自己的房间里睡觉——两个女儿基拉和布里亚，还有一个名叫乔丹的儿子，彼得叫他"功夫小子"，因为乔丹是一个空手道黑带冠军。他们最大的孩子，女儿亚拉，那年秋天早些时候去上大学了。

耶林看了看表：4 点。他戴上眼镜，只穿着骑师短裤，走过一条短走廊来到厨房，他的寻呼机就放在案台上。电话是 USAMRIID 的指挥官办公室打来的——来自小爱德华（埃德）·M.艾特森上校。

耶林回电。"嘿，埃德，我是彼得。什么事？"

艾特森整晚都没有睡。"我希望你现在就来办公室。"他说，出现了一些问题，和研究所对"样本"的界定有关。电话里说得很含糊。"有人对这样本很感兴趣。"

耶林意识到，问题样本是前一天下午 FBI 送到 USAMRIID 的那封炭疽信。他领会艾特森的意思是白宫已经介入，但不会在未加密的电话线上这么说。听起来像是白宫的国家安全委员会开启了紧急行动。

回到卧室，耶林迅速整装。他穿了套看起来像是从西尔斯罗巴克百货公司买的浅灰西装，里面一件蓝白相间的糖果条纹衬衫，配了条爵士风的黑白领带，在领带上别了一根银色领带夹，穿上棕色鞋子，并把连着联邦身份证卡的链子挂在脖子上。

彼得·耶林有一张粗犷的脸，戴着金属边框的 Photogray 眼镜①。他的头发原来是金色的，但现在大部分都变灰了。年轻时他被研究所的一些同事称为"USAMRIID金童"，因为那头金发和发现致命病毒上的好运气。他的胳膊和腿摆动起来时是弯着的，一种笨拙的姿势，看起来像个科学怪人，而且从小就这样。他是独生子，很早开始对显微镜和生物学着迷。他认为自己很害羞，不善社交，尽管其他人认为他爽直敢说，有时还有点粗暴生硬。

耶林上了他的车——一辆红色野马，车牌是 LASSA 3。他的研究兴趣是一类让人流血的出血热病毒，其中有一种就叫拉沙（Lassa），这是耶林在职业生涯早期研究过的西非病毒。（他之前的座驾车牌是 LASSA 1，一辆开得锈掉的庞蒂亚克，撞过，乙烯基的车

---

① Photogray 是康宁公司下面的一个子品牌，主打光致渐变镜片。——译者

顶被撕成了条状，用来长途驾驶，因为他喜欢它柔软的座椅和开起来像船一样的感觉。达里娅开的是 LASSA 2，一辆吉普。）他把车倒出车道，沿着郊区的道路快速行驶，这是个美丽的夜晚。月亮落山了，空气中弥漫着夏天的气息，尽管冬季星座猎户座的腰带①在南方闪闪发光。5 点前他赶到了研究所。这个时间点这里通常死气沉沉，但寄到国会的带粉末信件让很多人在大楼里过了一夜。他来到艾特森上校的办公室，在一张会议桌前坐下。埃德·艾特森是一位医学博士，稀疏的棕发，方脸，戴着眼镜，为人耿直、低调。他穿一件淡绿衬衫，肩杠上有银色的橡树叶子②，神情紧张。他是医学生物防御领域的著名专家，曾在各种会议上发表过如何备战生物恐怖主义的演讲，这次来真的了。

在华盛顿宾夕法尼亚大道约翰·埃德加·胡佛大楼的 FBI 总部，战略信息与行动指挥中心（SIOC）已经启动运行。SIOC 是 FBI 的紧急行动中心，位于总部五楼一个楔形的房间综合体，周围有多层铜板作为安全保障，以防无线电窃听。办公桌围绕着一堵巨大的实时更新视频显示墙排列。FBI 在 9 月 11 日启动了全天候 SIOC 行动，现在该中心一些办公桌专门用于处理炭疽袭击事件。FBI 大规模杀伤性武器行动组的特工驻扎在 SIOC，他们和国家安全委员会的危机行动中心建立了实时视频会议联系。危机行动中心位于白宫对面的旧行政办公大楼内。一位名叫丽莎·戈登·哈格蒂的国家安全委员会官员在那里主持工作。美国联邦政府已进入应对状态。

艾特森上校整晚都与 SIOC 和危机行动中心保持着联系，期间约翰·埃泽尔从实验室打电话给他，告诉他炭疽测试的结果。自从发出

---

① 猎户座是北半球冬季最显目的星座，参宿一、参宿二和参宿三三颗亮星构成了一条"腰带"，是用来寻找猎户座最方便的方法。——译者
② 美国陆军的中校军衔徽章。——译者

那声"哦，我的上帝"之后，埃泽尔一直在疯狂地工作，试图弄明白这是一种什么样的武器。正在发生的恐怖事件让他没法去小床上睡觉，根本睡不着。与此同时，白宫的人正在为"武器"这个词争论不休。他们想尽快知道 USAMRIID 科学家们所说的武器和武器级到底是什么意思。什么是"武器级"炭疽菌？参议院被武器攻击了吗？

耶林和艾特森讨论了一下应该说什么。白宫是 USAMRIID 最重要的客户。艾特森认为，在对粉末有更多了解之前，该研究所应该避免使用武器或武器化这类词。耶林同意他的观点，他们一起想出了专业和有力这两个词来描述它，他们决定收回武器一词，它太让人紧张了。

艾特森给国家安全委员会的人打电话，讨论这个调整。他使用的是加密电话——一种安全电话装置，或者叫 STU 电话。"请给我接安全委员会。"然后，慢条斯理地，他跟国家安全委员会和 FBI 的人讲了一下约翰·埃泽尔对炭疽信的研究。

那天早上 6 点，彼得·耶林走进办公室，查看电子邮件。他的办公室很小，没有窗户，摆放着成堆纸张和旅行中带回的纪念品——一块来自危地马拉的车牌，他曾在那里当过病毒猎手；一只木雕猫；一张显示非洲大陆植被类型的非洲地图；一部带通话喇叭的金属电话，是他从位于西伯利亚的俄罗斯国家病毒学和生物技术研究中心（Vector）捡来的。1980 年代和 1990 年代初，苏联人在 Vector 进行了各种病毒武器的秘密工作。金属电话一度被放置于一个秘密的生物安全四级隔离实验室内，你可以穿着安全太空服对话筒喇叭大喊——比如在出现了天花病毒相关的紧急情况下求救。耶林曾多次去过Vector。他在"合作减少威胁项目"（Cooperative Threat Reduction Program）中工作过，该项目向苏联生物学家提供资金，旨在鼓励他们进行和平研究，这样就不会向伊朗和伊拉克这样的国家出售他们的专业知识。

耶林坐到办公桌前，叹了口气。桌上一堆堆文件，大部分是关于天花的，让人沮丧。在这堆文件顶部，放着一本封面烫银字的大开本红书：《天花及其根除》（*Smallpox and Its Eradication*）。痘病毒专家们称之为大红书，它被认为是给天花盖棺定论的一本书。大红书作者曾领导了世界卫生组织从地表上消灭天花的运动，1979 年 12 月 9 日，他们的努力被官方认证为一次胜利①。这种疾病在自然界中已不复存在。医生们普遍认为天花是最糟糕的人类疾病。它杀死的人比任何其他传染性病原体都要多，包括中世纪的黑死病。流行病学家推算，天花在地球上活动的最后一百年里大约杀死了 10 亿人。

耶林把大红书搁在一堆天花文件的最上头，这样就可以随手取用。实际上，他几乎每天都会伸手碰它。过去两年里，耶林负责一个项目，试图为能够治愈或预防天花的新药物和疫苗开辟道路。从科学角度而言，他比世界上任何其他人都更深入地参与了对天花的研究，他将天花视为对人类安全最大的生物威胁。官方声称天花病毒仅存在于两处：一处是西伯利亚 Vector 的 Corpus 6 号大楼的冷冻库，一处是亚特兰大疾控中心高密闭实验室大楼的冷冻库。但彼得·耶林经常挂在嘴边的却是："如果你相信天花只呆在两个冷柜里，那可真好骗②。精灵已经从灯里出来了③。"

---

① 1979 年 12 月 9 日，一个由著名科学家组成的全球委员会认证天花已被根除，并在 1980 年 5 月 8 日第 33 届世界卫生大会上正式宣布了这个认证。——译者
② 原文用了 I have a bridge for you to buy 的说法，这是个英文中的典故：20 世纪初，著名美国骗子乔治·C. 帕克设立了一系列骗局，多次向其他人"出售"布鲁克林大桥。——译者
③ 阿拉伯传说中，住在瓶子里或灯里的精灵具有神奇的力量，一旦出来了就会带来不可预想的惊人后果。——译者

彼得·耶林拥有高级别的国家安全许可，称为代号许可，或 SCI 许可，SCI 是 Sensitive Compartmentalized Information 的缩写，意思是"敏感的隔离信息"。SCI 有时也被称为 ORCON（originator controlled，发起者控制）信息，对其访问需要通过密码。如果通过了 ORCON 代码，就可以查看信息。信息写在带有红色斜线边框的文档上，你要在一个安全室里查看，然后，除了记忆，不能带任何东西走出房间。

耶林办公室出去的拐角处有一个被称为安全室的房间，它一直锁着。里面有一部 STU 电话，一台安全传真机，还有几个带密码锁的保险箱。保险箱内有几沓纸，夹在文件夹中。纸上印着生物武器的配方。一些可能是苏联的，一些可能是伊拉克的，还有一些是美国的，后者是 1960 年代美国禁止研究进攻性生物武器之前在德特里克堡研制的。当年这场生物战计划正值顶峰时，一位名叫威廉·C. 帕特里克三世的陆军科学家领导一个团队，开发了一款强大的炭疽武器。帕特里克拥有数项生物武器的机密专利。

USAMRIID 的机密保险箱里可能有一张纸——关于这一点我并不笃定——上面有一份中央情报局（中情局）认为拥有天花秘密库存或正在积极尝试获得这种病毒的国家和团体的名单。排在第一位的是苏联，该国似乎有秘密军事实验室正在研制天花武器。这份名单还可能包括印度、巴基斯坦、以色列（从未签署过《生物和毒素武器公约》）、伊拉克、朝鲜、伊朗、南斯拉夫，或许还有古巴，以及可能还有法国。这些国家中的一些可能正在进行天花基因工程。基地组织会在名单上，还有奥姆真理教，一个在东京地铁系统中释放沙林神经毒气的日本邪教。很可能，有相当可观的天花病毒流落在世界上。真实情况是，没人知道所有这些天花病毒在哪里，也没人知道人们到底打算用它来做什么。

多年来，彼得·耶林在专业上一直痴迷于天花，他忍不住想，如果一撮松散干燥的天花病毒混入给达施勒参议员的信中，会发生什么。我们并不真正知道粉末里有什么，他告诉自己。如果它是一个特洛伊木马呢？炭疽病不会以传染病的方式传播——你无法从炭疽病患者那里感染炭疽病，即便受害者当着你的面咳嗽——但天花可以像野火一样在北美洲传播。耶林希望有人能查看一下这些粉末，并且要快。他拿起电话，打给在二楼工作的显微镜专家汤姆·盖斯伯特（Tom Geisbert）的办公室。无人应答。

那天早上汤姆·盖斯伯特从他居住的西弗吉尼亚州谢泼德镇开车过来，7点左右到达 USAMRIID 的停车场。他开一辆破旧的客货两用车，车门凹陷，车身生锈，发动机的声音开始跟舷外马达①似的。他有一辆新的 V-8 皮卡，但为了节省油钱还开着破车。盖斯伯特当时三十九岁，从小在德特里克堡附近长大。他的父亲威廉·盖斯伯特曾是 USAMRIID 的顶级建筑工程师，专门从事生物危险品隔离方面的工作。汤姆·盖斯伯特则成了一名电子显微镜专家和太空服研究员。他是一个不拘小节、随和的人，有一头蓬松的浅棕色头发，蓝眼睛，耳朵相当大，运动型体格，喜欢打猎和钓鱼。他通常穿着蓝色牛仔裤和蛇皮牛仔靴，天气寒冷时，会穿一件粗线针织毛衣。

走上一个昏暗的楼梯井，盖斯伯特来到他位于研究所二楼的办公室。房间虽小，但很舒适，有大楼中为数不多的一扇窗户，可以越过一个屋顶看到凯托克廷山的斜坡。坐在办公桌前，他开始为这一天做思想准备，考虑喝一杯咖啡，也许再来个巧克力甜甜圈，这时，彼得·耶林闯了进来，看起来很沮丧，还把门关上了。"汤姆，你到底

---

① 装在船尾的发动机，很吵的那种。——译者

去哪儿了?"

盖斯伯特还未听闻有关炭疽信的任何事情。耶林解释道,想让他用电子显微镜查看一下粉末,而且要马上。"你要找找任何不寻常的东西。我担心粉末可能掺了痘病毒。另外看一下有没有埃博拉病毒颗粒。要是里头有天花的话就够呛了,每个人还在到处说,'嘿,这是炭疽',结果十天后,华盛顿暴发了一场天花。"

甜甜圈和咖啡立刻被抛到脑后。盖斯伯特下楼走到可以看到AA3套间的窗前,约翰·埃泽尔还在那儿处理达施勒信件。盖斯伯特敲了一下窗,引起了里面的注意。透过一个通话端口,他问自己是否可以要一点粉末看看。

梦中恶魔

151 号病房里的男人
1970 年代早期

1969 年 12 月的最后一天，一个男人从巴基斯坦乘飞机抵达西德的杜塞尔多夫机场，我叫他彼得·洛斯。他曾因肝炎入住卡拉奇市民医院，已经出院，但仍感觉不适。他囊中羞涩，之前一直躲在卡拉奇贫民窟一家脏旅馆里，到了机场后由父兄接回家。他的父亲是德国北部小城梅斯切德附近一家屠宰场的主管，该市位于北莱茵-威斯特伐利亚地区的山区。

彼得·洛斯当时二十岁，曾是一名电工学徒，没有工作，一直游来荡去，追寻那些渐行渐远的梦想。他高个儿，长得挺帅——现在很瘦——有一张方形、轮廓分明的脸，黑睫毛下是一双深色、不安、相当警惕的眼睛。短鬈发，穿着褪色的牛仔裤。他带着一个背包旅行，里面塞满了画笔、铅笔、纸张和一套水彩颜料，还带着一个折叠式画架。

时至今日，彼得·洛斯还在德国生活。他的性格特征已被专家们遗忘，但他的案例及其后果却像大火过后的废墟一样困扰着他们。

学习电工期间，彼得一直住在波鸿市的一个公社里，但公社成员在意识形态上出现了分裂。一些人赞同有纪律的公共生活方式，而另一些人，包括彼得在内，则赞同 1960 年代的嬉皮士理想。1969 年 8 月，也就是伍德斯托克音乐节的那个月，彼得和波鸿公社的其他成员挤上一辆大众汽车前往亚洲，开始了一场东方之旅。车上一共六男两女，他们显然希望在喜马拉雅山的寺院里找到一位大师，可以在那里冥想，寻求更高的知识，也可能找到好的哈希什（大麻）。他们开车穿过南斯拉夫到达伊斯坦布尔，穿过土耳其、伊拉克和伊朗，露营星空下或入住最便宜的地方。他们在全世界最糟糕的路面上颠簸，横穿阿富汗，那辆大众汽车居然对付到了开伯尔山口。一行人在巴基斯坦闲逛，但事情并不像希望的那般顺利，他们没有联系上一位大师。两位女士对这次旅行失去兴趣，回德国去了。12 月，团队中有三位男士驾车进入印度，沿着海岸前往果阿，参加一个名为"圣诞天堂"的嬉皮节。彼得留在卡拉奇，最后因肝炎滞留市民医院。

一列东行的火车载着彼得和他的父亲及兄弟离开杜塞尔多夫，穿过德国北部的工业中心，经过大片仓库和褐色砖块砌成的工厂。这个时候，彼得不大可能有什么话要对父亲说。他可能会点上一支香烟，看着窗外。火车抵达鲁尔河，沿着河流进入冷杉覆盖的绍尔兰山，在碳钢色的天空下蜿蜒而上，一直到达梅斯切德。

梅斯切德是一个舒适的地方，在那里人们彼此认识。它坐落在鲁尔河源头的一个山谷中，旁边是一个湖。之前一直在下雪，城市周围山丘和山脉上的杉树冠都堆满了雪。那天是新年夜。彼得和家人一起庆祝新一个十年的到来，又和老朋友们聚了聚，一边休息，从疾病中恢复。

天气原本阴沉多云，但在 1 月第二个星期，云层从山上散开，清朗的空气从北方涌下，带来了干冷和蓝天。与此同时，流感在该镇暴发，许多人开始咳嗽发烧。大约在 1 月 9 日星期五左右，彼得开始感到不对劲。

他疲倦、疼痛、烦躁不安，当天快结束时开始发烧。接下来的星期六，他的高烧加剧，到了晚上病得非常严重。次日早上，家人叫了救护车把他送往镇上最大的医院，圣沃尔贝加·克兰肯豪斯医院。他没忘带着美术工具和香烟。

迪特·恩斯特医生给彼得做了检查。他正从肝炎中恢复，但也许得了伤寒，一种传染性疾病，可能是在巴基斯坦的医院里被感染的。他们把他安置在隔离间，151号私人病房，并开始给他使用四环素。

圣沃尔贝加医院由慈悲修女会提供护理工作。医院空闲、简朴、整洁，一尘不染，隔离病房占据了南楼的整个一楼。南楼是一座三层楼高的半独立建筑，涂覆着棕色灰泥，有一个楼梯从中间穿过。修女们告诉彼得要把门关上，不能以任何理由离开他的房间。

他在那个星期天早上安顿下来，很快就感觉好些了，烧几乎退了。尽管如此，修女们还是禁止他离开房间，甚至禁止他使用盥洗室，即便盥洗室就位于走廊对面。她们让他使用便盆，然后帮他倒空，而且他只能在房间的水槽里清洗自己。窗下的蒸汽散热器发出声响，使得房间里感觉很闷热。他想抽根烟，于是轻轻打开房里的一扇平开窗，取出香烟，点了一根。修女们对此很不满，命令他关上。

那个星期天，一位名叫库尼贝特神父的本笃会牧师在医院里巡视，向病人发放圣餐。因为年龄较长，腿脚不便，于是他就穿过大楼往里一路走，这样就不用爬楼梯了。在一楼走廊尽头，他把头伸进151室，问病人愿不愿意接受圣餐。这个年轻人不感兴趣，医疗报告告诉我们，他"拒绝了圣餐"，"牧师被告知不需要他的服务"。

当修女们不注意时，彼得会继续抽烟，把窗户开了一条缝。寒冷的空气涌入，让房间里充满了窗外的清香，夹杂着麻雀们的叽叽喳喳。

四环素没什么效果，因此医生开始让他服用氯霉素。他有一种隐隐的不适，一种焦虑感，觉得事情不对劲，药物对他的伤寒不起作用。他坐立不安，没法让自己舒服起来，于是拿出颜料和画笔开始画画。感到厌倦后，他就只用铅笔素描。窗外没什么可看的——一个穿着白色长袍的护士修女在走道上匆匆而过，一茬一茬雪地，光秃秃的山毛榉树枝在钴蓝色天空中交错。

星期一和星期二过去了。时不时会有一位修女进来取他的便盆。他喉咙发红，咳得越来越厉害。喉咙后部产生了一种肿痛感。他继续画画和素描。晚上，可怕的、满是幻觉的梦可能会来折磨他。

他喉咙里发炎区域的面积并不比邮票大，但从生物学意义上而言，它比太阳表面还要热。天花病毒的颗粒正从口腔后部的渗出点流出，与唾液混合。当他说话或咳嗽时，微小的感染性液滴被释放出来，在周围空气中形成一团看不见的云。病毒是最小的生命形式。它们是在宿主细胞内繁殖的寄生物，且无法在其他地方繁殖。严格来说，病毒不是活的，但肯定也不是死的。它被描述为一种生命形式。151号病房里悬着一团扩增中的病毒，正在穿过这座医院。1月14日星期三，彼得的脸和前臂开始变红。

脱 皮

1970 年 1 月 15 日

红色区域在彼得·洛斯的脸上和手臂上扩散成斑斑点点，几个小时内，这些斑点暴发成无数小丘疹。它们带有一种锐痛感，但不痒，到了晚上，覆盖了他的脸、臂、手和脚。它们从脚底和手掌冒出来，还从头皮和口腔冒出来。夜里，这些丘疹长出细小的水疱状的头，这些头继续变大，以同样快的速度布满他全身上下，就像雨后发芽的大麦田。它们开始疼痛难忍，并逐渐长成疖子。它们有一种蜡质、坚硬的外观，看起来还没熟。他的高烧突然加剧，热得发狂。睡衣摩擦在皮肤上的感觉就像火炙。他的神志极其清醒，并且非常、非常害怕。医生们都不知道他怎么了。

到 1 月 15 日星期四黎明时分，他的身体已经变成一大堆疙瘩状的水疱。它们浑身上下无处不在，甚至出现在私处，但最密集地聚集在脸部和四肢。这被称为天花的离心性皮疹。看起来好像是身体中心的某种力量在推动皮疹向面部、手部和脚部扩散。他的口腔、耳道和鼻窦内部已经化脓，直肠内壁也可能已经化脓，在严重的情况下就会这样。但他的头脑却很清醒。当他咳嗽或试图挪动时，感觉好像皮肤被从身体上扯下，会撕破或裂开。这些水疱又硬又干，而且不渗漏，如同嵌在皮肤上的轴承滚珠，表面有一种柔软的、天鹅绒般的触感。每个脓包的中心都有一个凹陷。乳白色脓液把它们胀得鼓鼓的。

脓包开始长至互相接触，最后融汇成一层，盖住了身体，像一条鹅卵石街道。身上大多数部位的皮肤都被撑开，脸上的脓包合并成一个充满液体的气泡状团块，直到皮肤基本上脱离基底，变为一个包裹着头部组织的袋子。他的舌头、牙龈和硬腭都长满了脓包，嘴却很干，几乎无法吞咽。病毒把他身体里里外外的皮都剥离了，这种痛苦几乎超出了人类本能的承受力。

当慈悲修女会的人打开他的房门时，一股甜腻、恶心、反胃的气味飘到走廊上。医院的医务人员们从未遇到过这种情况。这不是组织腐烂的气味，因为他的皮肤没有破。是皮肤里的脓液正在排出气体，从身体里扩散而出。那时候，这股气味被称为天花臭。现在的医生叫它细胞因子风暴的气味。

细胞因子是漂流在血液中的信使分子。在对入侵者的攻击做出反应时，免疫系统中的细胞用它们来相互发出信号。一场细胞因子风暴发生时，信号传递会出现失控，免疫系统失衡并陷入崩溃，就像一个网络瘫痪了一样。风暴发展成混乱，以血压骤降、心脏病发作或呼吸停止而告终，伴随着一股恶臭透过皮肤传出，就像一只纸袋里装的脏东西。没人清楚在天花细胞因子风暴中发生了什么。病毒释放着能阻滞免疫系统并引发风暴的未知蛋白，就像干扰雷达一样，这使得它可以不受阻碍地进行繁殖。

1875 年，威廉·奥斯勒（William Osler）博士是蒙特利尔总医院天花病房的主治医师。他把造成天花甜味的物质称为 virus，拉丁语毒药的意思，这就是病毒一词的由来。在奥斯勒的时代，没有人知道病毒是什么，但奥斯勒清楚这种病毒的气味。当皮肤上很少或没有脓包时，他会嗅一嗅病人的手腕和前额，他能闻出病毒的气味，这有助于明确诊断。

1 月 15 日星期四中午左右，在彼得·洛斯入院五天后，医生们开始怀疑他得了 Pocken（德语，天花）。天花病毒可以在人体内引起不同形式的疾病。彼得患的是典型的普通天花。

天花的学名是 variola，一个中世纪的拉丁语单词，意思是"斑点状丘疹"。公元 580 年左右，瑞士沃州阿旺什的马吕斯主教用这个词来命名这种疾病。英国医生吉尔伯特·安格利库斯在 1240 年描述了天花病的基本形态。这种病毒是一种专属于人类的"寄生虫"，只能感染智人。它有两个自然亚种，小天花（variola minor）和大天花（variola major）。小天花是一个弱毒株，于 1863 年由牙买加的医生首次发现，也被称为类天花（alastrim）。虽然会让人出现脓包，但由于某些原因，它很少致死。根据暴发情况和毒力水平不同，大天花能杀死约 20% 到 40% 的无免疫力感染者。一般而言，医生们认为每三个感染者中就会有一个被天花杀死。

病毒颗粒也称为病毒粒子，或病毒体。天花病毒粒子非常小。大约1 000个叠起来才相当于一根人发那么粗。如果吸入三到五颗这种有传染性的粒子，你可能就会感染天花。我们并不清楚天花的感染剂量，但专家认为它相当小。

迪特·恩斯特和其他医生一开始时没有考虑彼得·洛斯可能患有天花，因为这个年轻人前面好几天都没有出疹子，而且他在离开德国之前刚刚接种了疫苗，在土耳其的时候又接种了第二针，但他的接种其实并未生效——手臂上没有出现疤痕，这意味着他没有获得免疫力。

圣沃尔贝加医院的医生们用手术刀在他皮肤上割开了一个脓包，将一点乳白脓液粘到拭子上，装入试管。一名州卫生官员坐进一辆梅赛德斯，沿着高速公路以每小时193公里的速度将脓液送到州卫生部位于杜塞尔多夫市的一个实验室。

显微镜
1970 年 1 月 16 日

卡尔·海因茨·里希特（Karl Heinz Richeter）是州卫生部杜塞尔多夫办公室的天花专家，一位面容和蔼可亲、头发撒在一侧的医生。他戴着时髦的金属框眼镜，夹克衫下穿了件灰毛衣，看上去舒适且时髦。里希特博士和一组医生和技术人员一起，分析了从彼得·洛斯皮肤上提取的脓液。他们把一小片干掉的样本放进电子显微镜——一种管状仪器，约1.8米高，可将图像放大2.5万倍。接下来，大家轮流查看观察罩，要对诊断结果进行一个投票。

里希特博士看到了一幅炸开的人类皮肤细胞的景观。和细胞碎片混合在一起的，是数千个看起来啤酒桶似的小圆体。一些专家把它们称为砖块。显微镜里的视野看起来很广阔，因为放大了 2.5 万倍，这片脓干会变成一个差不多足球场大小的目标，里面的小砖块有葡萄干那么大，而且可能有数十万块之多。这些是痘病毒粒子，投票结果达成一致：天花。

痘砖块有一个皱巴巴的、疙疙瘩瘩的表面，颇像手榴弹——有些专家把这一特征称为痘桑葚。（桑葚是一种小水果，只有拇指指甲大小，看起来像黑莓。）痘病毒有很多种和属；天花病毒属于正痘病毒属，是一种动物痘病毒。痘病毒是自然界中最大和最复杂的病毒之一。一个痘病毒颗粒由大约 200 种不同的蛋白组成，许多蛋白就像鲁班锁那样盘错在颗粒中。专家们正在慢慢扒开桑葚的结构，但到目前为止，还没搞清楚其完整的设计。专家们发现，痘病毒粒子在结构上很数学化，几乎有令人叹为观止的美。桑葚中心有一个奇怪的形状，看起来像一个哑铃，科学家称之为哑铃核或痘狗骨头。在哑铃或狗骨头里有一团 DNA，这是一种长长的、扭曲的、阶梯状的分子，包含着天花基因组——天花病毒的完整蓝图和操作软件。DNA 梯子上的台阶便是遗传密码的字母。天花基因组有大约 187 000 个字母，是所有病毒中最长的基因组之一。天花使用大量的这种密码来击败其人类宿主的免疫系统。它有大约 200 个基因（用来制造病毒的 200 种蛋白质）。相比之下，艾滋病病毒只有 10 个基因[①]。就病毒的自然设计而言，艾滋病病毒简单而好用，像一辆自行车，而天花则是一辆装载了尾翼和所有装备选项的凯迪拉克。

痘病毒是为数不多的几种可以在最好的光学显微镜下被看到（看起来像细小胡椒粒）的病毒之一。生物学的无尽宫殿远远延伸到我们

---

① 艾滋病病毒的基因物质是 RNA，天花病毒则是 DNA，这一点是不同的。艾滋病病毒的基因被认为最少有 9 个，并不一定就是 10 个。——译者

无法看见之处，人类大脑很难理解在自然微观世界中的所谓小可以小到什么程度，但有种方法可以一试。想象一个建立在伍德斯托克音乐节规模上的自然界。这个音乐节在纽约州贝瑟尔的马克斯·亚斯古尔农场举行。农场就好像一个天然的圆形剧场，可以容纳多达 50 万人。从地球上空的低轨道看起来，上面的场景是这样的：

·

如果一个人体细胞在音乐节上，相当于一辆大众巴士那么大的话，由于细菌胞体要比人体细胞小得多，那么大肠杆菌（人类肠道中的主要细菌）将是一个小西瓜大小的物体，也许就位于车旁的草坪上。一个炭疽孢子将是一个橙子。在同样的比例尺下，一个天花病毒粒子将是一个桑葚。（普通感冒病毒[①]作为自然界中发现的最小病毒粒子，就是停在大众巴士座位下的一颗大麻种子。）这张画面上，飘浮在伍德斯托克上空的三五个天花桑葚用肉眼都不可见，但它们却能引发一场全球天花大流行。

当里希特博士思考显微镜里的景象时，他对它所暗示的全国紧急情况并非毫无准备。三年前，他就制订了一个计划，如果在他的任期内暴发天花，将采取什么措施。眼下这正在发生。他召集了一位年长的痘病毒专家约瑟夫·波什博士，另一位同事赫尔穆特·伊彭教授也加入了。他们在医院组织了一次隔离，准备好疫苗，并归拢了里希特之前储备的生物防护设备。他还打电话给位于瑞士日内瓦的世界卫生组织（WHO，世卫组织）天花根除项目办公室，请求帮助。

世卫组织总部在日内瓦的一座山上，占据着一幢建于 1950 年代

---

① 原文如此，其实不确切，引起普通感冒的病毒有多种，这里所谓最小应该是指鼻病毒，但普通感冒病毒还包括某些冠状病毒、腺病毒和肠道病毒的毒株。——译者

的大楼。它被世界各国的旗帜所包围。1970 年，天花根除项目
（SEP）还是一项相对较新的工作——它于 1966 年才开始实施。该项
目在六楼的一组小隔间里运作，小隔间正好都只有约 1.2 米宽，但可
以向南看到日内瓦湖和勃朗峰的壮丽景色。尽管办公室很小，而且挤
在一起，但该单位有一种被遗弃的感觉，因为任何时候，一半以上工
作人员都不在，他们在全球各地应对天花。

　　里希特博士最后与工作人员中一位名叫保罗·F. 韦尔利（Paul
F. Wehrle）的美国医生进行了交谈，对方能说一点德语。韦尔利医
生是一位高高瘦瘦、温文尔雅的流行病学家，有着棕色的头发和绿色
的眼睛。他有个习惯，就是在进入现场时穿上夹克、系上领带并配上

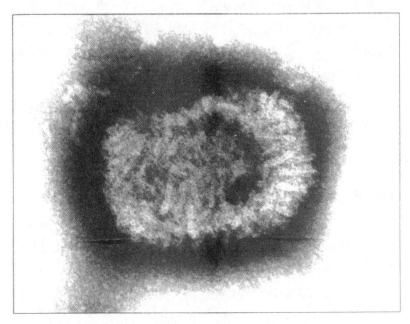

来自人类皮肤脓包的单个天花病毒颗粒（病毒体）。负相差电子显微镜，放大约 15 万
倍，显示了粒子表面蛋白的“桑葚”结构。这张照片是由弗雷德里克·A. 墨菲在 1966
年拍摄的，他可以被称为电子显微镜界的安塞尔·亚当斯。

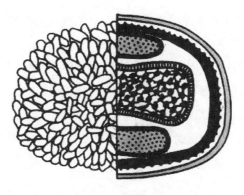

天花病毒颗粒示意图，显示了它的表面和内部结构。可以看见它的哑铃核（狗骨头）；哑铃里包含了病毒的基因组，由大约 187 000 个字母或核苷组成。（两张图片均由加州大学戴维斯分校兽医学院的弗雷德里克·A. 墨菲提供。）

白衬衫，因为他觉得一位穿着得体的医生会在天花暴发的该死恐怖中激发人们的信心。韦尔利现在和妻子在帕萨迪纳市过着平静的退休生活。"不幸的是，我已经八十岁了，"他对我说，"但幸运的是，我所有的头发和大部分的牙齿都还在，以及至少一部分大脑。"

当里希特医生告诉他梅斯切德发生了什么的时候，韦尔利医生太明白这一切是怎么回事了。世卫组织的规定是不让天花病人进入医院，因为他们太容易传播病毒——医院是天花的放大器。天花基本上可以洗劫一家医院，把医生、护士和病人都感染了，然后从那里继续扩散到社区和其他地方。世卫组织建议将天花病人留在家中，由接种过疫苗的亲属照顾。既然医生对天花病人无能为力，那么最好就让病人远离医生。

韦尔利穿过走廊，来到一个双人隔间，里面住着一位高个子、坚定自信的医生，名叫唐纳德·安斯利·亨德森（Donald Ainslie Henderson）。大家都叫他 D. A.，包括他的妻子和孩子都这么叫。

D. A. 亨德森是天花根除项目的负责人。他身高 1 米 89，一张满是皱纹、粗犷结实的脸，浓密的直棕发梳成侧分，宽肩膀，指节粗大的手掌，沙哑的声音。他们讨论了一下策略，然后亨德森打了几个电话。梅斯切德医院里的那个年轻人可能会在整个欧洲引发一场大暴发。亨德森让韦尔利去趟德国。韦尔利打车去了机场，当天下午就坐上了往杜塞尔多夫的飞机。同时，亨德森作出安排，将 10 万剂天花疫苗立刻从日内瓦运往德国。

保罗·韦尔利前往梅斯切德途中，里希特医生和德国卫生当局迅速把彼得·洛斯从圣沃尔贝加医院弄了出来。警察关闭了医院，一队穿着塑料生物危害防护服、脸上戴着口罩的护理人员跑进大楼，用一个有呼吸孔的塑料生物防护袋把洛斯包了起来。他极其痛苦地躺在袋子里。撤离小组用轮床推着他冲出大楼，把袋子装进生物安全救护车，伴随着警笛呼啸和警示灯闪烁，车子沿着蜿蜒的道路走了约 48公里，来到位于温伯恩小镇的玛丽之心医院。这家医院有一个新建的隔离病房，专门设计为处理具有高度传染性的病人。温伯恩生物安全单元是一个平顶单层建筑，坐落在树林中。洛斯被放在一张专为烧伤患者设计的丝样光滑的塑料垫上，在死亡边缘徘徊。建筑工人开始在大楼周围架设铁丝网。

同一天，里希特医生和波什医生为圣沃尔贝加医院的所有人，包括病人和工作人员，组织了疫苗接种。这是一种特殊的德国疫苗，用一种叫做旋转式柳叶刀的金属装置刮入上臂。然后医生和他们的同事挨个儿访谈，试图找出谁曾与彼得·洛斯接触过。任何见过洛斯的人都被假设为吸入了天花颗粒。有 22 人被带到温伯恩医院接受隔离。所有曾在圣沃尔贝加南翼、但没有见过洛斯的人都在本院接受隔离，被命令在那里呆上十八天。折叠床被运了进来，摆在浴室里，让医务人员在那里睡觉。由于没有足够的空间容纳所有人，当局接管了附近一家青年旅馆和山上几家小旅馆，也用于安置隔离者。在发生了一名医院工作人员逃出隔离区并回家与家人团聚的事件后，当局用木板封住圣沃尔贝加医院的大门，用钉子钉死，在医院周围设置了警戒线。

保罗·韦尔利从杜塞尔多夫乘火车于 1 月 16 日晚抵达梅斯切德，里希特和波什在车站迎接他。（里希特负责开车，因为波什在第二次世界大战中失去了一条胳膊。）他们把韦尔利带到一家旅馆，彻夜不眠地协商如何开展隔离和疫苗接种。德国人想用特殊的德国疫苗为人们接种，但韦尔利不信任它。这是德国政府多年来一直使用的一种灭活疫苗，但世卫组织的医生们认为它不能给人带来多少免疫力。"德国的疫苗有个小问题。它不起作用，"韦尔利称，"它是最最没用的那种疫苗，只不过我不能对德国人这么说，因为他们对自己的疫苗有点保护心态。"他喜欢并尊重德国专家，不想冒犯他们，但他温和地敦促他们给医院里每个人接种第二针世卫组织的疫苗。他说，两次接种不会有什么坏处，并且可能有帮助，对方同意了。他还说服他们将世卫组织的疫苗用于梅斯切德地区的大规模疫苗接种。

世卫组织把数百万剂天花疫苗储存在日内瓦市中心一座大楼的冷库里，他们称之为 Gare Frigorifique（法语，冷藏站）。冷库中的大部分疫苗都是苏联捐赠给天花根除项目的。传统的天花疫苗是一种叫做牛痘的活病毒，一种与天花密切相关的痘病毒。活的牛痘会感染人，但不会让大多数人得重病，尽管有些人对它有不良反应，其中小部分可能会重病，甚至死亡。

冷藏站的一名工作人员开车前往日内瓦机场，载着装满俄国人疫苗玻璃安瓿瓶的几个纸板箱，10 万剂几乎不占什么空间。疫苗不需要冷冻保存，因为解冻后，它的效力可以保持数周。数千支天花疫苗注射针也被运往德国。它们是一种特殊的叉状类型，称为分叉针，具有两个尖头。

德国卫生当局以尽可能快的速度，在梅斯切德地区周围组织了一次大规模天花疫苗接种。这被称为"环围接种遏制"。天花医生们打算用一道免疫人员形成的防火墙把彼得·洛斯和他的密接者包围起来，这样，处于中心的天花小火苗就不会继续找到可以点着的火柴人，也不会在宿主物种中肆虐。

梅斯切德停滞了。人们离开工作岗位和家，带着孩子在学校排队接受疫苗接种。而一种天花恐惧症开始在德国蔓延，速度比病毒还快。那些开着梅斯切德车牌的人发现，加油站不为他们服务，餐馆也不为他们服务。梅斯切德变成了一座痘之城。

执行疫苗接种的一般是医生或护士，他们站在排队的人旁边，手上拿着一个安瓿瓶和一个装满分叉针头的小塑料管。疫苗接种员会折断安瓿瓶颈，从塑料管里抖出一根针，把针头浸入疫苗，然后在一个人的上臂扎大约 15 次，扎出血来。如果操作得当，你的血会顺着手臂流下，因为分叉针头必须彻底刺破皮肤。每个玻璃安瓿瓶至少可接种 20 次。随着队伍通过，一名接种员一小时内可以完成数百次接种。每个针头在一个人身上用过后，都会被放入容器内。一天结束时，所有的针头都被拿去煮沸消毒，以便第二天再次使用。

每个成功接种疫苗的人都感染了牛痘。他们上臂接种疫苗的部位长出了一个脓包。脓包是一个难看的水疱，会渗出脓液然后结痂，过些天，许多人会感到头晕和有点发烧，因为牛痘正在他们皮肤中复制，该病毒并非完全无害，所以免疫系统进入了尖叫警报状态。牛痘和天花是如此相似，以至于我们的免疫系统很难区分它们。几天内，接种疫苗的人对天花的抵抗力开始上升。如今，许多三十岁以上的成年人上臂都有个疤，这是他们小时候接种天花疫苗长脓包后留下的麻点，有些成年人还记得脓包有多么疼。不幸的是，免疫系统对牛痘感染的"记忆"会消退，大约五年后，疫苗接种的效力就会消失。今天，几乎所有在儿童时期接种过天花疫苗的人，都已失去了大部分或全部天花免疫力。

传统的天花疫苗被认为能在人吸入病毒后的四天内提供保护作用。这就像狂犬病疫苗：如果被疯狗咬了，可以接种狂犬病疫苗，你可能会没事。同样，如果身边的人得了天花，而你能马上接种疫苗，就会有更好的机会逃脱感染，或者你确实感染了天花，也会有更好的机会存活下去。但是，如果在接触病毒超过四到五天后再注射疫苗，就没用了，因为那时病毒已经在人体内扩增，错过了免疫系统能够快速启动以阻止它的时间点。医生们在彼得·洛斯入院的五六天后开始给圣沃尔贝加医院的人接种疫苗。这是在马逃跑后才关上畜棚的门。

天花病毒的潜伏期为十一至十四天，人与人之间的差异不会很大。天花按照一个严格的时间表在人体内扩增。

实习护士
1970 年 1 月 22 日

彼得·洛斯抵达圣沃尔贝加医院十一天后，睡在医院一间浴室折叠床上的一个年轻女子因背痛醒来。她是一名护理专业的学生，十七岁，我叫她芭芭拉·伯克。她个子不高，身材苗条，黑色头发，浅色皮肤，五官精致。一个沉默寡言的人，谁都不太了解她，来医院工作只有两个星期，在接受培训期间一直住在护理学校的宿舍里。前一年，芭芭拉在杜伊斯堡一家天主教医院当厨房帮手，在那里皈依了天主教（她的家人是新教徒），立志成为一名护士。在和家人一起过圣诞节的时候，她告诉父母自己打算成为一名修女，但在下定决心之前她想要完成护理学校的学业。慈悲修女会在修院为她保留了一个位置。

芭芭拉·伯克从未见过洛斯。她一直在医院三楼工作，照顾352号房间里一位生病的老人，这个房间靠近穿过大楼中间的楼梯间的顶部。几天前，她同时接种了德国疫苗和世卫组织疫苗。

伯克告诉医生她感觉不舒服，他们发现她发低烧，立即给她静脉注射了从天花免疫者身上提取的血清。天花免疫血清是一种没有红细胞的血液——金黄色的液体，充满了病毒抗体。他们把伯克放进塑料袋，她躺在里面，被一辆救护车带上蜿蜒的道路，驶向温伯恩，通过围栏，送到隔离病房。

芭芭拉·伯克出现了忧心、焦虑的神情，脸、肩膀、手臂和腿开始泛红。她的烧上去了，背痛也加重了，皮肤仍然光滑，没有脓包出现，尽管发红的地方颜色加深了。当医生们用手指按压时，她的皮肤在压力下会变白，但当他们松开指尖时，血液瞬间回流，充盈到皮肤下面。医生们认出了这一迹象，情况非常糟糕。

我不知道医生们告知了伯克多少他们知道的即将发生的事情。她脸上的红晕加深，直到看起来像被严重晒伤了一样，然后开始向下往躯干扩散。这是从四肢开始的离心性皮疹。脸上和手臂上出现了几处光滑的、分散的、雀斑大小的红点。随着正在蔓延的红晕，她的中间部位开始出现更多红点。任何人都被禁止前来探访，而且温伯恩没有电话可供病人使用，所以她不能和家人说话。

红点开始扩散，越来越多，继而连在一起，就像雨点落在干燥的人行道上，逐渐使路面变成深色：她开始皮下出血。

她的背很疼，但皮肤上的变化却没有痛感，她做了祈祷并试图保持乐观。她的皮肤越来越黑，越来越软，有点浮肿。略微地起了皱褶，就像一个老人的皮肤。

红色的斑点合并在一起，呈泛滥之势，直到她的大部分皮肤成为深红色，脸成为紫黑色。皮肤变得像橡胶一样有弹性，摸起来丝般光滑，看上去有一种天鹅绒起了皱褶的外观，这被称为绉绸橡胶样皮肤。她的眼白出现了红斑，脸部也随着颜色加深而肿胀起来，血液开始从鼻子中滴落。那是天花血，又浓又黑。戴着口罩和乳胶手套的护理修女们用纸巾轻轻擦拭她的鼻子，帮着一起祈祷。

天花病毒以不同的方式与受害者的免疫系统相互作用，由此在人体中引发不同形式的疾病。有一种被称为天花样皮疹，属于温和的类型。典型的普通天花有两种基本形式：离散型和汇合型。离散型普通天花中，脓包在皮肤上作为一个个单独的水疱鼓起来，得了这种类型天花的病人存活几率更大。洛斯患的这种汇合型普通天花，水疱合并成一片，通常是致命的。最后，还有皮肤会出血的出血性天花，几乎百分百致命。最极端的类型是扁平出血性天花，在这种情况下，皮肤不会起水疱，而是保持光滑，颜色越来越深，直至看起来呈烧焦状，而且会成片掉下来。过去的医生们习惯称其为黑痘。出血性天花发生率大约在3％到25％的致命病例中，具体取决于天花毒株的危险性或毒力。出于某种原因，黑痘在青少年中更为常见。

芭芭拉·伯克的眼睑边缘被鲜血浸湿，眼白变成了红宝石色，在角膜周围形成了环状隆起。1875年威廉·奥斯勒医生在蒙特利尔总医院见过一个黑痘病例，研究报告中他提到"角膜似乎陷在深红色的凹坑中，给患者带来一种可怕的外观"。天花病人眼中的出血会随着时间推移持续恶化，如果病人活得足够长，眼白部分就会变成黑色。

得了扁平出血性天花后，免疫系统进入休克状态，无法产生脓液，而病毒则以惊人的速度扩增，似乎要席卷身体的主要器官。芭芭拉·伯克进入了一种被称为弥散性血管内凝血（DIC）的状态——她的小血管在出血，与此同时血液还在里面凝结。随着这个女孩进入

DIC，她口腔内的膜开始解体。护士们很可能试图让她用小口喝水的办法冲洗嘴里的血。

出血性天花通常会导致直肠和阴道大量出血。奥斯勒在他的研究报告中写道："很大一部分病例中出现了尿道出血，而且常常是大出血，血液在尿壶中凝固起来。"然而，他们的呕吐物中很少有血，而且奥斯勒有些吃惊地注意到，一些出血性天花致死的患者一直有食欲，直到生命最后一天还在进食。他对若干扁平出血性天花死者进行了尸检，发现一部分病例的胃和上肠道的内壁膜上有豆子大小的血泡，但这些血泡并没有破裂。

在温伯恩的生物隔离病房，这位罹病者的病情恶化发生于铁丝网围栏后，一个人们视线之外的房间里。保罗·韦尔利医生可能探望过她（他认为没有），但他即便对她说了任何话都无济于事，任何医生都无法为她做什么。韦尔利见过数百名死于出血性天花的人，他不再觉得出血类型或亚型之间有任何医学上的区别，它们都不过是医生们想给一个一团糟的东西强加某种秩序的企图。和我聊起这些时，所有的病例一起涌入他的脑海，他认为这些病人身上有着无可辩驳的相似性，都出现了出血和休克。"这太可怕了。"他说。

芭芭拉·伯克一直处于警觉和有意识的状态中，几乎到死亡前夕，此时离她身上出现皮疹的最初迹象已经过去了四天。出于某种原因，天花会让患者处于清醒状态。他们看到并感觉到正在发生的一切。最后二十四小时内，出血性天花患者会出现一种病理性呼吸节律，先是浅呼吸减弱到几乎无法察觉，接下来深吸气和深呼气，然后又是浅呼吸。这被称为切恩-斯托克斯氏呼吸（Cheyne-Stokes breathing）[①]，它

---

① 19世纪的两位医生 John Cheyne 和 William Stokes 最早对这种病征进行了描述，因此以他们的姓氏命名，在有些文章中被译成陈-施二氏呼吸。——译者

可以标示大脑出血。她做了祈祷，修女们一直陪在旁边。曾给彼得·洛斯送过圣餐的本笃会库尼贝特神父，也患了轻微的天花来到温伯恩，他可能为伯克举行了最后的仪式。随着最后一刻临近，天花患者可以在一种冻结的意识中保持清醒——用大红书里面的话来说就是，"一种特殊的恐惧和精神警觉状态，据说与任何其他疾病的表现都不同"。随着细胞因子风暴演变成混乱，呼吸可能会以一声叹息结束。致死性天花的确切死因尚未从科学上探明。

患天花的人常常表现出一种忧虑的表情，被称作"天花焦虑脸"。温伯恩隔离病房中有一个名叫瑞亚里萨·利亚普斯的五岁女孩，来自梅斯切德的一个希腊家庭，就表现出这种忧虑的表情，并因脓包而病倒。她患有脑膜炎，曾住在圣沃尔贝加医院的一个房间里，与彼得·洛斯斜对面，尽管从未见过洛斯。瑞亚里萨在温伯恩病房里度过了八周才从天花中康复过来，每天都在哭着想要见被禁止见面的父母。这个小女孩与马格达莱纳·盖斯同住一室，盖斯是一名护理专业学生，在二楼工作，从未见过洛斯，但得了严重的普通型天花。伯克死后第二天，盖斯完全失去了记忆，脑中一片空白，持续了三周。最后，当痂皮脱落、意识恢复时，她开始尽力安慰另一边床上那个哭泣、惊恐的小女孩。她为瑞亚里萨·利亚普斯做了能做的一切。马格达莱纳在温伯恩呆了十二个星期，比其他病人都久，出院时，她已经变成秃头，脸上、头皮上、身上全是可怕的天花疤痕。她回到医院做学生护士，并戴上假发，但病人被她的外貌吓坏了，医生最后不得不让她离开病房。马格达莱纳·盖斯的头发一年后开始重新长了回来，但她花了十年时间才克服了对自己外貌的难堪。她的宗教信仰帮助了她。最终，她结婚，有了孩子和孙子，并找到了深深的幸福和满足感。如今她的外貌与一个没有毁容的正常中年妇女一般无异。瑞亚里萨·利亚普斯长大成人并有了孩子，这两个女人一直是朋友。

芭芭拉·伯克在医院有一个朋友，也是护理专业的学生，萨宾娜·昆茨，一位身材高大、棱角分明的年轻金发女子。伯克的死给修道院留下了一个空缺，昆茨决定接替朋友的位置，她许下誓言，并将自己的一生奉献给芭芭拉·伯克未竟的事业。通过瑞亚里萨、马格达莱纳和萨宾娜的故事，我们看到人类的精神比天花更顽强。

大多数因天花而病倒的都是来自圣沃尔贝加医院二楼和三楼的病人和工作人员，他们中几乎没有人见过彼得·洛斯。里希特、波什和韦尔利三位医生一起追踪了病毒的传播并得出结论：其中 17 名患者直接从洛斯那里感染了病毒。另外 2 名患者则是从直接感染者那里感染的。其中一位直接感染者是住在三楼回廊房间里的修女。她活了下来，但后来被安置在她房间里的另一名修女却病倒并发展成汇合型天花，去世了。

一天一位名叫弗里茨·芬克的男子来到医院看望他生病的岳母，岳母也住隔离病房，时间上和洛斯住院的那些天有重合。他在大厅里等了几分钟，然后把脑袋凑到一扇留着条缝的门前，这扇门通向隔离走廊。芬克透过门缝恳求医生让他进去，但遭到了拒绝。就在他把脸凑到门口的那一分钟左右，弗里茨·芬克吸入了几粒天花病毒。他在成年后曾于 1946 年接种过疫苗，不过免疫力早已消退，两周后仍被装入塑料袋送往温伯恩，经历了一场危险的天花病发，但幸存了下来。时至今日，生物应急计划人员都会琢磨这个病例，把它视为一个令人不安的例子，证明天花能通过空气轻易传染一个已接种来访者，即便他基本上并未把头探入病房。总的来说，洛斯之后又有 19 个天花病例，其中 4 例死亡。

彼得·洛斯进入结痂期，此时脓包开始失去内压，会破裂并渗漏，发展成覆盖身体的棕色结痂。该阶段病患的床单会被脓液浸透，极其令人厌恶。它是这种疾病最危险的阶段，因为死亡往往发生于结痂初期，就在病人似乎要好转的时候。但洛斯挺了过来，最终他们确定了他的出院日期。一个叫做 Tage[①] 的德国电视节目打探到此事，计划采访他，但他对被数百万人观看毫无兴趣。他先于原定出院日的前两天离开了，或者是自己爬过了围栏，或者是有人放他出来，总之回到家中与家人团聚。最后，他离开梅斯切德，搬到西柏林，在那里打各种零工。据说他去了西班牙，有段时间住在一艘船屋上。

1970 年 4 月一个寒冷干燥的日子，也就是彼得·洛斯被允许入院三个月后，一位来自西柏林的气溶胶专家到达圣沃尔贝加医院，带着一台可以制烟的机器。韦尔利、波什和里希特三位医生希望弄清病毒是如何在医院传播的。制烟人把机器放在洛斯原来待的那个房间中央，装上一罐黑煤烟子。医生们把窗户抬高了几英寸，以重现洛斯不服从修女命令时的情景。他们还把通往大厅的门撑开了一条缝，疫情暴发时就是这样的，当时弗里茨·芬克把脸贴在门上，结果感染了天花。

制烟人打开了他的机器，发出一阵呜呜声，一团黑烟从喷嘴中涌出，朝洛斯房间的门冲去，沿着隔离病房的走廊滚滚而下。保罗·韦尔利跟着这股烟跑，它穿过敞着一条缝的门，涌入大厅，从那里腾起，上升到二楼，然后进入三楼。当它从楼梯间出来时，沿着上层走廊飘移，穿过三楼回廊紧闭的大门，朝一些生病的修女撒下了黑尘。

"病人得到的治疗比他们去医院时所期望的要多，"韦尔利对我说，"他们一个个都被高级煤烟给熏黑了。"

烟尘激起了慈悲修女们的能量，就像一块石头扔进了大黄蜂的巢穴。她们开始在楼梯上跑来跑去，大声喊："Stoppt diesen Idioten aus Berlin! Schaltet seine Maschine ab!" —— "阻止这个柏林来的白痴！

---

① Tag 的复数形式，一些天、一些日子的意思。——译者

把机器关掉！"

制烟人对她们毫不理会。

此时，里希特和波什已经走到室外，站在草坪上。韦尔利听到修女们的叫喊声，打开窗户向外看。

浓烟从抬起的平开窗下渗到室外，以稀薄的扇形层流形式沿着医院外墙往上涌。韦尔利跑了一圈，把上层那些窗户都打开了一条缝。令他惊讶的是，烟从外头飘进楼上的房间，已经跑到了墙壁上。楼上每个房间都有人感染了天花。"这是一个相当好的物理演示，它告诉我们，人们是如何被感染的。"韦尔利回忆道。

制烟人一点也不惊讶，连眉毛都没有抬一下。这正是烟的作用，他向天花医生们解释道。当建筑物内发生火灾时，烟尘会自然而然地穿过整幢楼，而在寒冷的天气中会爬上外墙。天花颗粒与烟尘颗粒大小相同，两者行为完全相似。洛斯的房间发生了一场生物野火，就这样病毒烟尘进入了医院的高层楼房。

今天那些制订天花紧急反应计划的人无法不去想当年梅斯切德医院内的情形。这是一个教训，说明天花微粒有长距离飘移的倾向，也说明病毒感染者能够隐匿在医院中好几天不被发现。在刚刚感染的前几天，病毒已经从他们的口腔传播到空气中，但他们皮肤上还没有开始出现皮疹。医生永远不会怀疑这样的病人得了天花，因为看起来像流感。病毒在梅斯切德迅速膨胀，从一个人嘴里出来，进入许多与其素未谋面者体内，他们中绝大多数直到被感染后才知道他的存在。卡尔·海因茨·里希特博士和他的同事们完成了一项了不起的生物防御壮举。他们对这种病毒充满敬畏，准备充分，能立刻投入行动，背后还有世卫组织天花根除项目的全力支持。但即便如此，圣沃尔贝加医院南翼还是有20％的人感染了天花，其中80％住在洛斯楼上，除了库尼贝特神父外，没有一个人可经证实曾见过洛斯。

流行病学家研究传染病的传播时，要借助于数学模型。这些模型中的一个关键因素是每个感染者能造成新感染者的平均人数。这个数字在技术上被称为R0，但更简单地被称为传染病的乘数，它有助于显示疾病传播的速度。大多数专家认为，在一个由购物中心、城市中心、繁忙的国际机场、旅游业、人口高度流动的城市和国家所组成的现代世界，以及最重要的是几乎没有天花免疫力，天花的乘数将在3到20之间。也就是说，每个感染天花的人可能会把天花传染给另外3到20个人。专家们对此持不同意见。有些人认为天花几乎没有传染性。其他人则认为它会以惊人的速度传播。事实上，没有人知道天花的乘数在今天是多少。如果它是5到20之间，在缺乏有效控制的情况下，疾病很可能会爆炸性传播。每两周5、15或20倍的乘数会使全世界在几个月内出现数百万个天花病例。艾滋病花了二十年才达到大约5 000万病例，天花可能在十或二十周内就可以做到。疫情不是直线增长，而是指数增长，以越来越快的速度扩展。一开始，它就像装满干草的谷仓里出现了一点火星，如果当时被注意到，很容易用杯水就扑灭了。但它很快就会发展出分支链，让致命病毒在无免疫宿主群中爆炸性传播。这是一个生物链式反应。

彼得·洛斯把天花病毒传给了17个人，因此最初的乘数为17。接下来，在疫苗接种和隔离的作用下，乘数急剧下降，并迅速降至0。链式反应就此停止。人类就像一个核反应堆，而疫苗是一组应急控制棒，它们已经到位并准备就绪，并且被医生们以最快的速度猛插到反应堆中。

"梅斯切德的主要教训，"保罗·韦尔利对我说，"就是你必须用有把握的疫苗。"

梅斯切德天花暴发的幸存者们在结痂阶段脱落了许多小块的褐色

干皮。这些痂皮撒满了他们的床单和衣服，并散落在他们走过的地面上。病毒颗粒被嵌套在凝血组成的保护网中，把结痂当作逃生胶囊，从那些已经康复和具有免疫的人身体上纷纷落下，它们可以在干燥的结痂中耐心等待一段时间，"希望"找到另一个没有免疫力的宿主。但天花病毒遭遇到抵抗者在周遭扩建的围墙，鲁尔河的上游和山区形成了对它的遏制圈，最终它从地球上的那个地方消失了，此后再也没有在那里出现过。

去博拉岛

跳跃者
几千年前

在一万年前到三千年前之间的某个地方，天花从一种未知的动物身上跳到人身上，并开始传播。这是一种新发病毒，从自然界宿主到人类宿主，实现了跨物种跳跃。病毒有许多生存手段，其中最重要的一个就是更换自然宿主的能力。原宿主灭绝了，病毒继续前进。

病毒的跨物种跳跃令人印象深刻。这一事件似乎是随机的，但充满了目的性，便如掠食者扑上去时那一下展翅或条纹闪现。一种病毒存在于无数株系或准种之中，一直在变化，但作为一个整体却很稳定；它们共同构成了一个物种。病毒的这些准种就像激流的表面，被自然选择力量所冲击和塑造。病毒的形态是稳定的，即使河流边缘和表面一直在运动，并发生了一些变化，这条河流总是在寻找新的出口。如果存在于动物体内的某一病毒株设法侵入一个人体，它可能会在那里复制，也可能会进入其他人体。如果它持续向前，结果就会形成一条不间断的人际传播链。这种病毒开辟了一条通往永生的新路。这就是艾滋病病毒大约五十年前在非洲中部或西部所做的，当时两种不同类型的艾滋病病毒似乎已经跳出了乌白眉猴和黑猩猩，开始在人身上传播。很多时候，当一种病毒发生种间跳跃时，它在新宿主中会特别致命。

　　自然界中存在许多痘病毒，它们感染成群结队的物种，就像集市上的扒手一样在里面转来转去。痘病毒主要有两大类，分别是脊椎动物的和昆虫的。迄今为止，痘病毒猎手们发现了老鼠痘、猴痘、臭鼬痘、猪痘、山羊痘、骆驼痘、牛痘、假牛痘、水牛痘、沙鼠痘、几种鹿痘、火鸡痘、金丝雀痘、鸽子痘、椋鸟痘、孔雀痘、麻雀痘、鸡痘、鸲痘、鹌鹑痘、鹦鹉痘和蛤蟆痘。有蒙古马痘，一种叫亚巴猴瘤的痘，一种叫 orf 的羊痘。还有海豚痘、企鹅痘、两种袋鼠痘、浣熊痘和短尾矮袋鼠痘。蛇会出蛇痘，眼镜凯门鳄会出眼镜凯门鳄痘，而鳄鱼则会出鳄鱼痘。"一般来说，当鳄鱼得了鳄鱼痘，你会在它们身上看到这些疙瘩。我不认为这对鳄鱼来说是特别恶心的，"一位名叫理查德·莫耶的痘病毒专家告诉我，"我猜鱼也会得痘，但没人费心思去找长痘的鱼。"

　　昆虫也受到痘病毒的折磨。有三组昆虫痘病毒：甲虫痘、蝴蝶痘（包括蛾痘）和苍蝇痘（包括蚊子痘）。任何试图把昆虫痘搞清楚的努力，都会像是试图列举神的九十亿个名字①。

　　昆虫没有皮肤——它们有外骨骼——所以不会长脓包。取而代之的症状是使昆虫发狂。感染了痘病毒的毛毛虫会变得紧张。它在叶片上摇摇晃晃地转圈，焦躁不安，失去平衡，而且似乎找不到方向。（这可能是毛虫版的"天花焦虑脸"。）毛毛虫的发育被打断，身体则越长越大，一直达到正常大小的两倍。病毒正在使它的宿主变大——这是病毒自我扩增的好方法。最终，昆虫被转化并摧毁，变成一个肿

---

① 《神的九十亿个名字》是阿瑟·克拉克笔下的一个科幻小说，其中主要情节设置为让计算机打印出九十亿种不同字母排列，里面隐藏着至高之神真正的名字。——译者

胀的袋子，里面装满了昆虫的内脏和看起来像威浮球①的微小结晶块。这袋汤的术语是病毒熔体。熔体中每个威浮球的每个开口最终都包含着一个昆虫痘病毒颗粒。这种病毒被插入威浮球中，如同地雷上的旋钮一样从里面突出来。

毛毛虫挂在一片叶子上死去，裂开，涌出了可扩散的病毒熔体。内脏腐烂消失，留下的威浮球能在环境中持续存在多年。有一天，一条毛毛虫爬过来，吃下"病毒地雷"，然后也被"熔化"了，就这样，昆虫痘的幸福生活持续了数亿年。

我们从未在岩石中找到过病毒化石，因此病毒的起源还是一个谜。据推测，病毒非常古老，可能与三十五亿多年前出现在地球上的最早的生命形式相似。昆虫痘现身或是在泥盆纪早期，远在恐龙时代之前，当时，海洋中充满着胸脊鲨和甲胄鱼，地面上覆盖着苔藓和小植物，还没有树木，第一批昆虫正在演化。一些专家觉得，脊椎动物痘可能是昆虫痘的后代。天花痘看起来也像威浮球上的旋钮，尽管下面没有球。也许在大约三亿五千万年前，有一种昆虫痘病毒跨物种跳跃到一种螈螈身上。当痘进入螈螈体内，威浮球上的旋钮掉了下来，而我们今天正在承受这种后果。

至少有两种已知的螈痘折磨着螈。蝗虫至少会患六种不同的蝗虫痘。如果非洲的蝗灾暴发了蝗虫痘，那这种瘟疫就会被另一种瘟疫实施打击，并陷入深深困境。痘病毒可以控制成群的生物，防止群体增长得太过庞大而淹没栖息地。病毒是大自然的一个重要组成部分。如果这个星球上的所有病毒都消失，一场全球性灾难就将接踵而至，地球自然生态系统会在昆虫数量的激增下轰然坍塌。病毒是自然界的控

---

① 威浮球是棒球的一种变体，带孔、较轻、有弹性，专门为在室内或室外的有限区域内进行比赛而设计。——译者

制工具，而痘病毒可以迅速地消减种群。人类物种在历史上大部分时间里，都由小型分散的狩猎采集者群体组成，不聚集在一起，因此原本并未入痘病毒法眼。

随着农业的发展，地球上的人口不断膨胀，变得更加拥挤。村庄发展为城镇，城镇发展为城市，人们开始在土地肥沃的河谷中群居。就在那时，人类物种迎来了一场事故，一场痘病毒流行蓄势待发。

流行病学家对天花的传播做过一些数学计算，他们发现，这种病毒需要大约 20 万的人口，居住在十四天的旅行距离内。不然的话，这种病毒无法维持它的生命周期，就会消亡。这些条件直到大约七千年前，才随着定居的农业区和城市的出现而满足。天花可以说是第一种城市病毒。

基因研究表明，这种病毒曾是一种啮齿动物病毒。天花过去有可能存在于一种在谷仓中繁殖的啮齿动物体内，也许是，也许不是。天花有可能是以前的老鼠痘，或转移的大鼠痘，也许是，也许不是。然而，人们强烈怀疑天花完成跨物种跳跃来到人类身上是在某一早期农业河谷——也许是尼罗河流域，也许是美索不达米亚的底格里斯河和幼发拉底河沿岸，也许是印度河谷，也许是中国的河流沿岸。至公元前 400 年，中国的人口增长到 2 500 万，这可能是当时最大和最密集的人口，聚集在黄河和长江沿岸。在河边的某地，痘病毒找到了它的人类爱人。

拉美西斯五世的木乃伊躺在开罗博物馆的一个玻璃盒子里，这位法老于公元前 1157 年突然去世，当时还很年轻。他身上布满斑点，脸、前臂和阴囊表皮上都有黄色水疱。看起来像是离心性皮疹。天花专家非常想看看法老的脚底和手掌，了解上面是否有水疱，因为这是天花的一个明确诊断标志。但法老的脚裹在布里，双手交叉于胸前，掌心向下，开罗博物馆官方不允许任何人动这些部位。天花专家还想剪下法老的一点皮肤，进行天花病毒 DNA 检测，但到目前为止还没有得到这么做的许可。

人类与天花的另一个可能接触点是公元前 1000 年左右的东南亚，当时那里发展出一些人口众多的城邦。又或者，天花的原始宿主是一只非洲松鼠，它生活在一片新月形的绿色森林，该地带被认为曾经存在于尼罗河南岸。气候逐渐干燥，森林消失，或遭受到毁灭性砍伐，这片城邦成为草原，松鼠也随之绝种。而天花则继续蔓延。

天花很有可能导致了公元前 430 年的雅典瘟疫，杀死了当时的雅典执政官伯里克利，并在伯罗奔尼撒战争最初几年里给该城市带来毁灭性打击，这场战争在雅典人和斯巴达人之间展开。古罗马的安东尼瘟疫也可能是天花引起的，它似乎是由公元 164 年在叙利亚作战的罗马军团带回来的。当然，天花痘很早就扎根在中国河谷中生活的人们身上。中国古人崇拜唤作"痘疹娘娘"的天花女神，她可以治愈这种病。公元 340 年，伟大的中国古代医学家葛洪对天花作了准确描述。他认为这种疾病最早是"从西方"来到中国的，时间点大约在他出生前三百年。

天花可能造成了罗马帝国人口的减少，从而使得它在野蛮人进攻下更加不堪一击。（罗马晚期的人口也可能是被疟疾所吞噬，或者受到了疟疾和天花的双重打击。）天花至少在过去两千年里一直驻留在印度的恒河沿岸。印度教里有一位天花女神，名叫湿陀罗，印度各地都有纪念她的寺庙。很难说湿陀罗是一位好女神还是坏女神，但你肯定不想让她发怒。在古代日本，天花偶尔会从中国和朝鲜传过来，但由于人口太稀少，病毒无法在那里展开链式传播。最终，公元 1000 年左右，日本人口达到 450 万，显然这就会有 20 万人开始生活在约两周路程的距离内，于是天花也来跟他们一起生活，变成了他们的恶魔。公元 910 年，波斯医生拉齐在担任巴格达医院院长时看到了大量的天花病患。古代撒哈拉以南的非洲地区人口相对分散，基本上没有天花，只是在沿海地区偶尔暴发，由进进出出的商人和奴隶主引发。人口越集中，就越有可能经常被天花病毒清一清。

1520 年，潘菲洛·德·纳瓦埃斯上尉在位于现在墨西哥东海岸的维拉克鲁斯附近登陆。他的计划是调查阿兹特克帝国，该帝国以强大的内陆城市为中心。登陆队伍中有名成员是非洲奴隶，他得了天花。天花从此人嘴里的小斑点中孵化而出，放大成一股生物冲击波，从沿海地区灌入阿兹特克帝国，最终杀死了墨西哥地区大约一半的人。这股从纳瓦埃斯上尉手下嘴里不到 6.5 平方厘米薄膜中传出的死亡之浪又穿过中美洲，沿着安第斯山脊轰隆隆前进，震惊了印加帝国。等到西班牙征服者进入秘鲁时，天花已经把这个地方搞瘫了，它杀死了如此多的人，以至于印加人的军队难以做出有效的抵抗。天花减少了西半球的人口，同时显示出它是世界上迄今所见最强大的真·生物武器。（麻疹在美洲本土人口中也是致命的，它在那里和天花一起发挥作用。）在法国印第安人战争期间，当渥太华部落的庞蒂亚克酋长于 1763 年在底特律堡领导对英军①的围攻时，英军首脑杰弗里·阿默斯特爵士写了封信给他的战地军官亨利·布凯上校。"能不能想办法给这些反叛的印第安人部落送去天花？在这种情况下，我们必须使用力所能及的一切策略来减少他们。"

布凯上校很好地领会了这个计策的意思，他的回答直截了当："我将尝试用一些可能落入他们手中的毯子来给这些（家伙）接种。"不久后，一位英国士兵埃屈耶上尉在日记中写道："出于对（两位来访酋长）的尊重，我们给了他们两条来自天花医院的毯子和一条手

---

① 法国印第安人战争是英国和法国在北美大陆争夺土地控制权的战争，法国殖民者和英国殖民者分别和当地不同的印第安部落结盟来对付对方。——译者

帕。我希望这将产生预期的效果。"的确如此，天花随后传遍了俄亥俄河流域的人口，杀死了相当数量的美洲原住民。这是战略性的生物战，而且效果很好，至少从英国人的角度来看的确如此。

远　见

18 世纪末，英国乡村医生爱德华·詹纳（Edward Jenner）注意到，得过牛痘的奶牛场女工似乎可以免受天花感染，于是他决定尝试一个实验。1796 年 5 月 14 日，詹纳抓破了小男孩詹姆斯·菲普斯的手臂，把从牛奶厂工人莎拉·内尔姆斯手上水疱中刮出的一滴牛痘脓液引入了詹姆斯的皮肤。他把这种脓液称为"Vaccine 病毒"。（vaccine 一词来源于拉丁语中的 vacca，牛的意思。）男孩的手臂上长出了一个脓包，但痊愈得很快。几个月后，詹纳再次抓破詹姆斯的手臂，这一次用的是从一个天花病人身上取得的具有致命感染力的脓液——今天，这被称为挑战试验。这个男孩没有得天花。爱德华·詹纳发现并命名了疫苗接种——用一种温和或无害的病毒感染一个人，以加强他或她对类似致病病毒的免疫力。他在 1801 年写下了这句话："现在很明显，人类最可怕灾祸天花的灭绝，必须用这种方法来做到，这一点不容争议。"

1965 年，唐纳德·安斯利·亨德森三十六岁，是亚特兰大疾控中心的疾病监测负责人，当时他撰写了一份关于在西非根除天花的提案。与当时大多数医学权威一样，他不相信天花或任何其他传染病可以从地球上根除，但他认为也许可以在一个地区做到。因为某种原因，他的建议最终送入白宫并对里面的人起到了影响。多年来，苏联人一直在世界卫生大会（批准世卫组织计划的国际机构）的会议上站出来，要求全球性根除天花，现在林登·约翰逊决定支持这一想法。这是有助于改善美苏关系的政治变通。亨德森被出其不意地叫到了华盛顿，和美国公共卫生局的一位高级官员詹姆斯·沃茨会面。沃茨说，要把他派去日内瓦的世卫组织总部制订安排这样一个计划。

"要是我不想去呢?"

"你是奉命去的。"沃茨说。

"假如我拒绝呢?"

"那么你得辞去政府职务。"

亨德森认定消灭天花的努力将在大约十八个月后失败。他告诉妻子娜娜以及三个孩子，他们要在日内瓦待一段时间，直到该计划破产就可以回家了。他们把大部分物品存放在亚特兰大的仓库里，于11月1日抵达日内瓦。亨德森一家在日内瓦湖附近的一栋平房里安顿下来，离公元580年天花病毒获得正式命名的小镇不是很远，并租了一台冰箱，因为亨德森认为不会在那里待很久。在接下来十二年里，他们都没见过自己存放在亚特兰大的物品。

天花根除项目是建立在某个理念上的，即天花有一个巨大弱点：只能在人体内复制。人们已经成为它唯一的自然宿主。无论它来自自然界何处，确乎已失去了感染其原始宿主的能力，事实上，也许它的原始宿主早就灭绝了。天花在自然界中没有宿主库，如果有的话，那么当我们试图从人身上消灭天花时，天花就可以藏到自然宿主中，并继续循环。

一旦人们感染过天花的温和表亲牛痘，他们的免疫系统就能够识别天花病毒并将其击退。如果人类能够以适当方式广泛感染牛痘，那么牛痘实际上可以取而代之。被竞争对手赶出宿主体内之后，天花将失去在地球生态系统中的生态位。

说实话，这是一个大胆的计划，因为没有人敢说他真正把自然生态系统的结构搞清楚了，特别是微生物学方面，也没有人知道这一策略是否真的会成功。大自然里满是意外。比如，亨德森就很想知道，是不是某个地方的啮齿类动物身上有一个不为人知的天花储存库。如果有，就将破坏根除的梦想，因为人类从来都不擅长摆脱啮齿动物。亨德森问过一位名叫詹姆斯·斯蒂尔的病毒学家，问他是否认为某地的某种动物可能藏有天花，后者断然回答说："不，你不会找到一个动物储存库的。"但亨德森不太相信这一点，多年来，根除者在世界范围内搜寻携带天花病毒的啮齿类动物、鸟类、蜥蜴、蟒蛇，以及任何其他动物。他们未曾发现天花的动物载体。天花甚至不能在人类的灵长类近亲中复制。但后来，1968 年，出乎根除者意料的是，在哥本哈根的一群圈养猴子身上发现了一种此前未知的病毒，猴痘，这种病毒被溯源到非洲雨林，至今还在那里感染人类。猴痘是一种新发病毒，跨物种跳到人身上，在刚果的热带雨林中悄无声息地暴发。有一天猴痘可能会取代天花对人类的自然地位，也可能不会。

即便证据表明天花只有人这一个宿主，许多著名的生物学家仍然认为根除任何病毒都是一项没有希望的任务，包括天花。他们秉持的观点是，野生微生物不可能从它存活的生态网中分离出来。1965 年，演化生物学家勒内·迪博在他的《人类的适应》（*Man Adapting*）一书中表达了这一观点，"即使在理论上和实践上，有可能实现全球范围地真正消灭一种病原体或病毒，"他写道，"但实现这一目标所需的巨大努力，可能会使这一尝试在经济上和人道上都不明智。"他的信念是合理的，也是当时大多数生物学家所持有的，却是错的。

该计划开始时，世界卫生大会为它设定了十年的完成期限。"肯尼迪总统曾说过，我们可以在十年内让一个人登上月球。"亨德森说。因此，在同样的时间内消灭天花应该是可能的。起初，天花根除项目的领导者并不确定如何开展这项工作。他们定下一个目标，在天花流行的国家给 80% 的人口接种疫苗，但事实证明那几乎是不可能的。他们还开发了监测环围接种遏制法：追踪天花的暴发，一旦发现疫情就飞扑过去并在暴发地区周围一圈为所有人接种疫苗（就像 1970 年他们在梅斯切德市所做的那样），如此打破传播链，并消灭该地的病毒。

根除天花还有一个很少人知道的原因，医生们希望在根除天花的同时也根除牛痘接种。牛痘病毒的并发症发生率相当高，它会使一些人得重病或死亡。在根除行动期间，大约每 100 万名接种牛痘的人当中就有 1 人因它而死，更多的因它而出现严重病症。根除者希望消除对牛痘接种的需求，而实现这一目标的办法是摆脱这种疾病。世卫组织的一项研究表明，世界每年因牛痘病及其并发症而造成的经济损失达 15 亿美元。

威廉·H. 福格（William H. Foege）是那位开创了环围疫苗接种的医生，一个高大、才华横溢、具有虔诚宗教信仰的人。1966 年 11 月，他首次在尼日利亚大范围使用该法，这是一个无奈之举，因为他已经没有足够的疫苗来为暴发重大疫情地区的所有人免疫。效果却出乎意料地好，随着环围疫苗接种推进，疫情被一圈圈的免疫者所阻断，根除者开始相信，他们真能做到把天花从地球上扫地出门。这种感觉让人陶醉。亨德森越来越清楚地认识到这项工作可以完成，他也在此过程中成了一个强硬不妥协的领导者。他激发了周围人深深的忠诚和爱戴，并表现出一个常胜将军的冷酷无情。事实证明，亨德森是管理史上的天才之一。该项目在日内瓦总部通常只有大约 8 个人，包括秘书，但它是一项庞大的跨国行动（数十万名卫生工作者领着薪水，要么兼职，要么全职），它在世界各地运作，有时还是在内战国家。他最重要的任务是雇用最好的人并给他们明确的目标。亨德森想要解雇一名员工时，会建议对方去试试要求较低的工作。正如他向我解释的那样："除非你对人强硬，否则你是不会前进的。"你要么和 D. A. 亨德森一起前进，要么就平躺下来，接受坦克的摩擦。

我曾经问过亨德森，他对自己在终结天花中所扮演的角色有何感想。他回答说："我是众多根除行动中的一员。其他还有弗兰克·芬纳，有田勋，比尔·福格，妮可·格拉塞特，兹德内克·杰泽克，乔克·科普兰，约翰·威克特——我能想出五十个名字来。更不用说在感染地区国家工作的那些成千上万的人了。"即便如此，亨德森仍是根除行动的艾森豪威尔。

约翰·威克特是一名加拿大滑雪爱好者和计算机程序员，1971年来到日内瓦，他想在阿尔卑斯山滑雪，同时通过计算机工作挣点钱。出于某种原因，亨德森聘请了他。亨德森对雇员的潜力有一种不可思议的敏锐。时至今日，约翰·威克特在根除天花过程中发挥的巨大作用普遍得到公认。"根除天花是我所经历过最有趣的事情，"威克特对我说，"这很有趣，因为我们确实做到了，而且因为亨德森在我们身后。他可以让官僚机构跳起来。当我没法搞定某些官僚时，我会说：'你想和我老板谈谈吗？'然后我就会听到，'不……'问题就会得到解决。"

奇怪的旅程

1970 年夏天，一位名叫劳伦斯·布瑞里安特（Lawrence Brilliant，也叫 Larry Brilliant）的二十六岁医生结束了他在旧金山长老会医院的实习工作。他被诊断出患有甲状旁腺肿瘤，动了手术，正处于恢复期，所以无法继续实习。他当时住在旧金山湾的恶魔岛上，给一群美国原住民提供医疗帮助，在一次抗议活动中这些人占领了恶魔岛。布瑞里安特在岛上接受了一些电视采访，华纳兄弟的一位制片人看到了其中一段采访，就请他去演一个电影角色。这部电影是《药球旅行队》(*Medicine Ball Caravan*)，讲的是嬉皮士去英国，最后来到了平克·弗洛伊德的音乐会上。布瑞里安特在其中扮演一位医生。（他说："这是一部烂电影，我甚至不希望我家孩子看它。"）这部电影里，新墨西哥州拉诺市猪场公社的创始人之一威维·格雷韦①也演了一个角色。猪场公社最近因为在伍德斯托克音乐节上运作食品厨房而名气大涨，在那里他们还提供了安保服务。就在音乐节前夕，威维·格雷韦向媒体解释说，安全保障将通过使用奶油派和装满苏打水的喷射瓶来实现。

《药球旅行队》首先在旧金山开拍，然后去到英国，拍摄过程中，布瑞里安特和格雷韦成了朋友。（"威维·格雷韦是我最好的朋友。我今天早上还在和他聊天，"就在不久前布瑞里安特对我说，"我应该解释下，威维·格雷韦表示两种东西：他是一个活跃的小丑，也是班杰利牌冰淇淋的一个濒危口味。"）在英国，布瑞里安特和他的妻子吉里嘉，以及格雷韦和他的妻子贾哈娜拉（她来自明尼苏达州，据说是鲍勃·迪伦的前女友，甚至可能是《北国女孩》②这首歌里的原型）思考着人生下一步该怎么走。一场可怕的气旋袭击了孟加拉湾的恒河三角洲，当时叫做东巴基斯坦（现在的孟加拉国）的地区，风眼经过了一个名为博拉的岛屿。当潮水涌上来覆盖整个岛屿时，有 15 万人被淹死。布瑞里安特夫妇和格雷韦夫妇想到了买一辆巴士，把食物和药品运送给受灾岛民。

"威维和我还有我们的妻子——注意，她们现在仍是我们的妻

---

① Wavy Gravy 的意思是波浪形肉汁，这是布鲁斯歌手 B. B. King 在 1969 年伍德斯托克音乐节上给活动家 Hugh Nanton Romney Jr. 取的绰号。——译者
② *Girl from the North Country*，鲍勃·迪伦较为重要的创作歌曲之一，最早录制于 1963 年。——译者

子——开着车前往加德满都。"布瑞里安特说。他们一开始在伦敦低价买了一辆破破烂烂的英国莱兰巴士，涂成迷幻色，把药品、食物和一群嬉皮士朋友装了进去。第二辆巴士是在德国买的，以同样的方式装备，然后一行人在土耳其和伊朗缓慢前进，又在阿富汗转悠了几个月，他们经过了开伯尔山口，沿着彼得·洛斯和他的朋友们一年多前驾驶大众汽车的同一条路。布瑞里安特-格雷韦探险队接下去缓慢地穿过巴基斯坦，进入印度。东巴基斯坦和西巴基斯坦之间爆发了内战——孟加拉国的独立战争——而且孟加拉边境已经关闭，所以他们的巴士无法进入该国。他们转而向北进入尼泊尔，最后巴士停在加德满都。"威维生病了，最后回到美国的时候，体重只有约 36 公斤。"布瑞里安特说。他和妻子在加德满都丢下巴士，去了印度新德里。夫妇俩似乎正在思考人生下一步该怎么做，但没有什么好的方向。

一天，布瑞里安特夫妇在新德里的美国运通邮局取件，遇到了一个叫巴巴·拉姆·达斯的人。达斯此前是一名哈佛大学教授，本名理查德·阿尔珀特，但他和同事蒂莫西·李里教授因主张使用迷幻药而被踢出哈佛大学。巴巴·拉姆·达斯热切地提到了一位名叫尼姆·卡洛里·巴巴的圣人，他是印度北部喜马拉雅山脚下一个偏远地区的隐修院院长，那里是中国、印度和尼泊尔的交界。吉里嘉被巴巴·拉姆·达斯关于圣人的谈话所吸引，就想去见见，尽管拉里不感兴趣。但吉里嘉坚持要去，于是他们就去了，最后在隐修院住了下来，成为尼姆·卡洛里·巴巴的信徒。他是个小个子、年龄不详的老人，唯一个人资产是一条格子毯子。他是印度著名的古鲁（guru，大师的意思），人们有时叫他毯子巴巴。布瑞里安特夫妇在这里学印地语，做冥想，并阅读《薄伽梵歌》，同时在隐修院里开了一个非正式的诊所，发放药品，都是他们在加德满都下车时从车上拿下来的。有一天，他在院外和一群学生一起唱梵文歌。毯子巴巴坐在学生面前，看着他们唱。他盯着布瑞里安特，用印地语对他说："你有多少钱？"

"大约 500 美元。"

"那在美国呢？你在那里有多少钱？"

他回答说："我在美国也有 500 美元。"（布瑞里安特后来和我解释说："我有点妄想症了，这些印度古鲁以敲学生竹杠著称。"）

毯子巴巴狡黠地咧嘴一笑，开始用印地语念叨起来："你没有钱……你不是医生……你没有钱。"他伸手向前，扯了扯布瑞里安特的胡子。

布瑞里安特不知该如何作答。

巴巴改成了英语，继续念叨："你不是医生……UNO 医生……UNO 医生。"

UNO 代表联合国组织。

这位古鲁对他的学生说（或者说这位学生现如今这么认为），他的职责和命运（他的达摩）是成为联合国的一名医生。"他做了一个有趣的手势，抬头看天，"布瑞里安特回忆道，"他用印地语说：'你要去到村庄里。你要去根除天花。因为这是一种可怕的疾病。但在神的恩典下，天花将会被 unmulun。'"这位古鲁使用了一个正式的古梵文单词，意思是"被连根拔起"，根除。unmulun 来自至少有一万年历史的印欧语词根，本身可能比天花还要古老。

"所以我说：'我应该怎么做？'他说：'去新德里。到世界卫生组织的办公室去。去找你的工作。Jao, jao, jao, jao。'意思是：'去，去，去，去。'"

布瑞里安特收拾了一些东西，当晚就离开了隐修院——这位古鲁似乎急于 unmulate 天花。前往新德里的行程花了十七个小时，交通工具包括人力车和公共汽车。当布瑞里安特走进世卫组织的办公室时，里面近乎无人。它刚刚成立，基本上没啥工作人员。当时印度政府由英迪拉·甘地领导，她对根除计划持怀疑态度，还没有作出批准。布瑞里安特见到的第一个人是该办公室负责人妮可·格拉塞特博士，一位在南非长大的法国-瑞士裔女性，四十多岁，乌黑头发，穿着得体无可挑剔。她被人形容为穿迪奥礼服的飓风。

"我当时穿一件白色的衣服和凉鞋，"布瑞里安特说，"我身高 1 米 8，但胡子得有 1 米 5，头发扎个马尾垂在背上。"格拉塞特没有工作可以提供给他，所以他又回到隐修院，一来一回至少三十六个小时没睡，然后他向古鲁做了汇报。

"你拿下你的工作了吗?"

"没有。"

"回去，拿到它。"

布瑞里安特已然累到半死不活，但古鲁看起来好像要发火，这可不是他想应对的状况。于是他又启程前往新德里，再一次经历十七小时的旅程。这位年轻人这么快又出现在眼前，而且看起来如此憔悴，令格拉塞特有些不知所措，但她并没有改变决定。

"我在新德里和隐修院之间来回了至少十几次。我的老师一直在说：'别担心，你会拿到你的工作。天花会被 unmulun，连根拔起。'待在隐修院的时候，布瑞里安特会冥想。他摆出莲花座，闭上眼睛，说出神圣的词 Aummmmm。

尼姆·卡洛里·巴巴注意到他在冥想，就走到布瑞里安特面前，从自己的毯子下拽出一个苹果，扔到布瑞里安特胯下。啪一声，布瑞里安特从 Aumm 变成了"哦，上帝! 我的蛋蛋!"，并且直接在地板上摆出了"扭莲花"的姿势。布瑞里安特现在的理解是，大师似乎在暗示他需要站起来，回到新德里的世卫组织，那里有他的工作在等着他。

"我有一次去的时候，有个高个子坐在世卫组织办公室的大厅里。他抬起头说：'你是谁? 你在这里干什么?'"

"我是来为天花项目工作的。"布瑞里安特回答。

"这里没有什么项目。"

"我的古鲁说它将被根除。你是谁?"

"我是 D. A. 亨德森。我是这个项目的负责人。"

布瑞里安特惊讶地看到全球项目的负责人坐在大厅的一把椅子上,无所事事。他后来觉得亨德森有点像 C. S. 刘易斯的《纳尼亚传奇》里的狮子。狮子总是出现在故事的关键时刻,他是一个强大的存在,推动着一切,但往往你没有看到他或没有意识到他是一种什么样的力量。

就亨德森而言,布瑞里安特的白衣服和一番关于大师预言消灭天花的话让他有些犹豫。那天他在雇员记事中写了这么一句:"不错的家伙,真诚。似乎已经变成了本地人。"

回到隐修院,毯子巴巴不断朝布瑞里安特的蛋蛋扔苹果。情况其实相当复杂。英迪拉·甘地是尼姆·卡洛里·巴巴的信徒,她曾来寺院拜访过他,向他鞠躬,摸他的脚,寻求他的建议。毯子巴巴希望天花被连根拔起,他对甘地夫人抵制世卫组织这项工作的做法感到恼火。事实上,尼姆·卡洛里·巴巴可能是印度领导人眼中最强大和最令人畏惧的神秘主义者;他们中许多人在升任高官时,都要去摸他的脚,寻求建议。这位大师致力于帮助印度实现其未来,劳伦斯·布瑞里安特的新德里之行正是这种努力的一小部分。在大师看来,根除天花是印度的责任,也是世界的命运。

布瑞里安特琢磨着,如果自己看起来更像西方人,就会增加得到工作的机会,所以他每次回到新德里都会修掉一些胡子,剪短马尾辫,并且更换衣服。最后,他留着中长发和短胡须,穿超宽翻领的格子涤纶西装,打着厚厚的涤纶领带,穿灰绿色的达可纶衬衫。他把自己弄得很不起眼,很 70 年代。那时,妮可·格拉塞特已经决定雇用他了，而 D. A. 亨德森也认可他或许有一些作为根除者的潜质。他从打字员做起。

最终，他们把布瑞里安特派到附近一个地区处理天花疫情，这样如果遇到麻烦，可以迅速地帮他解决掉。他见到了生平的第一个大天花病例。"一旦见过天花，你就不可能不印象深刻。"他开始在村子里组织接种活动，走进一个有天花病患的村子，租一头大象，骑着它穿行，用印地语告诉大家应该接种疫苗。这里的人们不愿意接受疫苗接种。他们觉得天花是天花女神希塔拉·玛塔的现身，因此这种疾病是世界神圣秩序的一部分，它的拜访是佛法。布瑞里安特常常去希塔拉·玛塔寺庙里晃，因为那里可以发现患天花的人在祈祷并死去。他会找到当地领导人，带到寺庙一起用梵文诵经，然后请求他们伸出援手对付天花。他用印地语告诉人们，他的古鲁尼姆·卡洛里·巴巴教导说天花可以被消灭："膜拜女神，接种疫苗。"

布瑞里安特和亨德森以及根除组织的其他领导人一起走遍了印度，他们熟悉且互相了解。"亨德森除了战争小说和有关巴顿和其他历史上伟大将军的书以外什么也不读，"布瑞里安特说，"妮可除了科学方面的东西以外什么都不读。比尔·福格读哲学和基督教文学，他是一个虔诚的路德教徒。我在读神秘主义文学。"他们经营着一支由500辆吉普车组成的车队，有15万人在为这个项目工作，大部分人薪水都很低。一年半的时间里，在这项运动的高峰期，印度的每栋房屋每个月都会由一位卫生工作者去拜访一次，看看那里是否有人得了天花。印度有1.2亿栋房屋，布瑞里安特估计，在那一年半里进行了近20亿次的入户拜访。国际狮子会①和国际扶轮社②支付了在印度消

① The Lions Club，一个国际非政治服务组织，1916年成立于美国芝加哥。——译者
② Rotary Club International，一个非政治和非宗教的人道主义服务组织，1905年成立于美国芝加哥。——译者

灭病毒的巨额费用。布瑞里安特说："那些带着翻领纽扣的商人们做了这件了不起的事情。"

在帮助根除天花之后，拉里·布瑞里安特还做了其他事情：他成了杰瑞·加西亚①的医生之一；他成了著名的早期互联网社区 WELL 的创始人和共同所有者；他成了软件公司 SoftNet 的首席执行官，在互联网最疯狂的那几年，该公司在股票市场上的价值达到 30 亿美元；他和吉里嘉生了三个孩子；他成了密歇根大学的流行病学教授；以及，他与威维·格雷韦、巴巴·拉姆·达斯一起，建立了名为 Seva 基金会的医疗基金，迄今已在印度和尼泊尔治愈了 200 万失明人士。一路下来，布瑞里安特还认识了史蒂夫·乔布斯，和他一样，乔布斯也十分钦佩尼姆·卡洛里·巴巴。为了成为古鲁的信徒，乔布斯曾去过印度，但那时毯子巴巴已经与世隔绝（他去世了），所以乔布斯去了另一家隐修院学习。"史蒂夫·乔布斯在印度是一个相当不起眼的家伙，光着脚剃了头走来走去，"布瑞里安特回忆说，"然后他创办了苹果电脑公司。我对他说：'史蒂夫，你为什么要在这东西上浪费时间？它不会带来什么成就的。'"乔布斯后来捐赠了第一笔种子资金，开办 Seva 基金会。

"我一生中做过很多事，但我从未遇到过像天花根除者们那样聪明、勤奋、善良或高尚的人。D. A. 亨德森、妮可·格拉塞特、兹德内克·杰泽克、史蒂夫·琼斯、比尔·福格、有田勋和其他领导人，他们把自己的一切置于根除天花工作之下。我们讨厌天花。"

"亨德森曾经跟我说，他把天花当作一种实体。"我说。

"一个实体，是的。对我来说，天花是一个'她'，因为有天花女神。你会想象她秘密举行会谈，和她所有的将军参谋们一起策划

---

① Jerry Garcia，迷幻乐队 The Grateful Dead 的主唱。——译者

攻击。"

攻击不知从何处来。早年间，布瑞里安特被派去处理一场疫情，以比哈尔邦的一个火车站为中心——塔坦纳加火车站暴发。他当时二十八岁，天花女神给他上了一堂永生难忘的课，因为这场疫情成为根除行动期间全世界最大的天花疫情，完全出乎他的意料。"我去了火车站，发现有100个天花病人快要死了，我开始哭。女人把她们的婴儿交给我。那些婴儿已经死了。有传言说看到有鸟抓着被撕下来的小孩肢体。这是我人生中没法承受的。我去见地方医疗官员，发现他站在办公室的梯子上，正在按字母顺序排列他的书。他脸上的表情就像一只小鹿被车灯照到了那样。我对他说：'你不知道出什么事了吗？'他说：'我能做什么？'"

病毒在人体内沿着铁路上下旅行。人移动，天花也移动。火车站把病例输出到印度各地，事实上，是世界各地。布瑞里安特开始看到，在迅速把病毒扩散至全球的过程中，一个世界性的运输系统可以做什么。他首先把精力集中在火车站，发现那里有几十个天花患者爬上了一列离站的火车。他朝着站长大喊，想让火车停下来，这在他的权力范围之外，但火车还是停了。他去找警察，让他们设置路障，隔离整个城市。他关闭了汽车站，让所有公共汽车停止运行，还关闭了机场。"我只是一个到处呼喊的美国小孩。"他说。妮可·格拉塞特以她的权威和政治关系介入，她让布瑞里安特负责执行。经过六个月的拼命工作，花了数百万美元，投入数百名工作人员和卫生工作者，才平息了这次大天花暴发。"塔坦纳加火车站暴发的疫情在全世界引起了一千多起疫情，甚至在东京。如果你认为自己已经干掉了除最后一例之外的所有天花，也是不够的，因为这最后一例可以造成那一千多起暴发。"

拉希玛

到 1974 年，天花几乎从亚洲消失，印度和尼泊尔减少到只有少数几个病例，但孟加拉国还没有结束。天花是一种季节性病毒——当天气干燥和凉爽时，它更容易暴发和传播，而在潮湿、温暖的天气里则会减弱。孟加拉国人称天花为 boshonto，意思是"春天"。在南亚，天花会在早春激增，因为这是夏季风来临之前的干燥季。根除者们趁着病毒处于低潮时开展了摧枯拉朽的疫苗接种活动。在孟加拉国，每年的 9 月至 11 月间，当病毒几乎在休息时，他们尽可能地加以攻击——就像杀死睡梦中的吸血鬼。

1974 年秋天，孟加拉国几乎完全战胜了天花。10 月的第一周，全国仅发现 24 例天花病例。世卫组织的医生们感觉到终结点的到来，他们预测到 12 月将实现根除。

1974 年的夏季风非常猛烈，导致五十年来最严重的洪水袭击了孟加拉国，特别是在仍有少数天花病例的地区。洪水迫使人们移居，挪到被称为 bustees 的城市贫民窟中。他们中的一些人携带了天花，到 12 月，在首都达卡的贫民窟里，大天花开始暗中闪现。

1975 年 1 月，孟加拉国政府决定清除这些贫民窟。推土机在达卡推平了几处，警察命令每个人都回到家乡。大约 10 万人涌出了达卡。孟加拉的任何两个人都生活在两周的旅行距离内。那里的生物状况与几千年前的埃及或中国河谷没什么不同。由于天花的潜伏期为十一至十四天，一些从贫民窟出来的人正处于潜伏期而不自知，他们把它带回了自己的村庄。1975 年 2 月，随着春天到来，大天花在孟加拉国的 1 200 多个地方肆虐。它似乎不知从何处冒头，到处都是，从星星点点汇聚成一场天花的顶级大火。

这一事件的突然性令人震惊，并从内心开始让根除者们动摇。孟加拉国各地的遏制环开始失效。根除者们甚至不知道该把环放到哪里，因为天花似乎正在包围他们。他们每周都会看到 200 起新暴发。未奏效的环围疫苗接种被称为遏制失败。1975 年 3 月，有近 1 000 次遏制失败。如今有人认为，当那年初春孟加拉国的环围疫苗接种相继失败时，根除行动的一些领导人放弃了希望。他们觉得自己对变种病毒的看法终究是错误的，环围遏制最后不会奏效，演化生物学家说没有病毒可以从自然界中被根除，可能是正确的。

日内瓦的项目负责人把他们所有的一切都投入到这次疫情暴发中。根除者从苏联、巴西、捷克斯洛伐克、埃及、英国、法国、瑞典和其他国家蜂拥而至。尽管没有这样做的法律授权，但 D. A. 亨德森威胁说，如果孟加拉国政府不调动其资源并采取行动，他将关闭该国的港口并切断所有航运。瑞典政府向这场运动倾注了大量资源，总部设在英国的私人慈善机构 OXFAM 也输送了大量资金和人员。那些前来援助者接受了一点培训，便投入实地工作中。根除者在孟加拉国各地实施环围疫苗接种，追踪病例和接触者，试图把他们包围起来，然后夏季风来临，带来潮湿的天气。大自然的一次行动帮忙冷却了病毒之火，到 1975 年季风季结束时，天花又开始衰减。9 月 15 日，孟加拉湾东侧的吉大港发现了一名男孩患者，他成了世界上最后一例大天花患者。

他们又等了两个月，以确定没有更多的报告病例。终于，在 11 月 14 日，日内瓦的项目负责人发布了一份新闻稿，宣布在人类历史上首次实现全世界大天花清零。

孟加拉国天花根除项目的团队负责人是一位名叫斯坦利·O. 福斯特的美国医生。上述消息宣布后的第二天他收到了三个电传，其中之一来自世卫组织：

祝贺取得最伟大的成就。

另一个来自美国疾病控制中心：

祝贺，所有人都很高兴。

还有第三个电传：

发现一例活跃天花病例，库拉利亚村……博拉。

博拉岛位于恒河和布拉马普特拉河①的下游三角洲，在那里，两条河与孟加拉湾汇合。这个岛是四年前威维·格雷韦和劳伦斯·布瑞里安特乘坐彩绘巴士出发的地方，当时他们希望能够去帮助别人。

斯坦利·福斯特抓起一个短波收音机，把一些东西扔进一个小背包，立即独自出发前往博拉岛。他来到达卡的一个码头，登上一艘名叫"火箭号"的破旧桨轮蒸汽船，在甲板上找了个客舱。火箭号有约91米长，烧煤。这是一艘建于1924年的侧轮船，现在它船体锈迹斑斑，挤满了人，噗噗噗地推开水花，顺着恒河向海的方向行驶。福斯特靠在栏杆上，船沿着泥泞河道缓慢前行，经过低矮的河岸，它们被远处的油灯微照。一轮上弦月爬过星群，他翻了个身躺在床上睡着了。随着空气中出现一丝咸味，火箭号驶入一个河口，日出后不久，船到达了贝里萨尔港，这是航线的终点，福斯特在那里下船。他登上了一艘天花快艇——由根除项目运行的舷外摩托艇——被带着穿过一个巨大的棕色海湾，里面点缀着一些木制小帆船。他经过了独木舟、三角帆、独桅艇和横帆船，横帆船的棉布帆上打着色彩鲜亮的布条，然后抵达博拉岛。博拉岛有约48公里长，当时是100万人口，但并不具有城市气息。快艇在一个码头停下，福斯特下了船。迎接他的是一队当地的根除者。

这个岛是一片沙质泥滩，水稻生长旺盛，有棕榈树和香蕉树，还有小茅草屋，到处都是人。福斯特和当地团队坐上一辆路虎，沿着一

---

① 它的上游即中国的雅鲁藏布江。——译者

条布满车辙的道路行驶。到后来这条路变得太泥泞，以至于车没法继续开，于是他们停了下来，步行到库拉利亚村。一路上，他们眼前都是人，在稻田里干活，挤在小路上。"在那个国家，你不可能有私人空间。"斯坦利·福斯特对我说。

当地的卫生工作者带着福斯特和他的团队来到瓦齐乌丁·巴努先生的房子，他是一个不会读写的穷人，没有土地，受雇为他人种地。巴努的房子是茅草屋顶，墙壁用棕榈树叶编织而成。

巴努的房子里很暗。"我走进屋子，"福斯特说，"看不到什么天花病例。然后我看到角落里的麻布袋，有一只脚伸出来。那是一个小孩子，浑身长满典型的天花痘——中等程度的病例，并不严重。"这个三岁的小女孩病患名叫拉希玛·巴努。她很害怕福斯特，所以当他进门时就把自己塞进了麻袋。拉希玛已经结痂，并且大部分痂都已经脱落。她从她叔叔那里感染了病毒，叔叔是一个十岁男孩，名叫哈雷斯。拉希玛、哈雷斯和村里其他几个天花患者都是由一个名叫比基桑纳萨的八岁女孩诊断出来的。她向当地的卫生工作者报告了这些病例，并最终从世卫组织那里获得 62 美元的奖励，这对博拉岛的一个小女孩来说可是一笔财富。

斯坦利·福斯特用无线电和达卡方面联系，并告诉他的团队自己已经确认了一例天花。当晚，一位名叫丹尼尔·塔兰托拉的根除者在达卡召集了一大队人，配备了二十辆摩托车和几桶汽油，乘坐火箭号前往博拉岛。这支队伍在岛上组织了环围疫苗接种，他们追踪接触者，并为可能接触的所有人接种疫苗。接下来的几周，他们全岛四处寻找新病例，但一个都没找到。现在大天花真的在地球上结束了。高危型天花已经被连根拔起。

斯坦利·福斯特在拉希玛·巴努家里时，用一根分叉针轻轻从她的腿上和脚上取了六块痂，塞进一个红顶盖的塑料小瓶。去除小女孩的痂不会造成多大伤害，因为它们正在脱落。拉希玛的每一块痂都是一块褐色硬壳，大小和铅笔上的橡皮头差不多。

回到达卡后，福斯特把这些痂皮交给了一位名叫法丽达·哈克的病毒学家，她确认了是天花，然后把它们装入一个金属罐，并附上一张识别样本的纸。罐子被装进纸板邮寄管，送往日内瓦的总部。一位名叫西莉亚·桑兹的秘书负责处理所有从实地送来的天花样本——主要是装在管子里的痂皮罐。她在项目组所在隔间中央工作区的一张桌子上打开包裹，取出装满痂皮的容器，并将它们的信息输入日志。她每年都要接受一次天花的强化免疫注射。("现在回想起来，我们当时处理这些标本的方式，和今天有很大不同，"她对我说，"不过，什么事都没有发生。") 在对样本进行记录和检查之后，她把样本送往两个天花储存库之一：或是美国的疾控中心，或是莫斯科的病毒制剂研究所。这两个地方被称为世卫组织合作中心。桑兹轮流将样本送往其中一个，最终，美国人和苏联人会得到大致相同数量的痂皮。

莫斯科研究所的天花由痘病毒学家斯维特拉娜·马伦尼科娃看管，她头发蓬松、有点粗壮，在痘病毒专家中享有很高声誉，她的科学观点被同行们认为具有启发性且十分扎实。

拉希玛的六块痂皮被送到美国的疾控中心，1975 年圣诞节前后，痘病毒学家约瑟夫·埃斯波西托用镊子把它们转移到一个比人的小指头还要小的塑料瓶中。他用一支特细三福记号笔在瓶身写下拉希玛，添加了一些其他识别数据，并将小瓶放在中心的标识冷柜中，那里面装的都是天花毒株。

今天来自这些结痂的大天花毒株以拉希玛命名。据说她的六块痂都在科学研究中用完了，但拉希玛毒株仍然存在，被冷冻在装满半透明白冰的小塑料瓶中，看起来像冷冻脱脂牛奶。这种牛奶般的感觉是大量拉希玛毒株颗粒带来的，它们在病毒培养物中生长，现在悬浮于

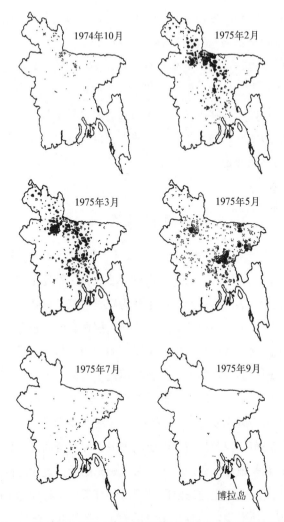

1974年10月 1975年2月

1975年3月 1975年5月

1975年7月 1975年9月

博拉岛

大天花的终结，1974 年秋至 1975 年秋。这些连续的孟加拉国地图就像电影分镜，展示了大天花在人类世界最后一次暴发和终极根除的过程。你可以看到疫情暴发点周围的遏制圈，以及"遏制失败"——天花暴发。在疫苗接种的作用下，病毒逐渐减弱，移向东部和南部，并终于消失在博拉岛。

由埃默里大学罗林斯公共卫生学院公共卫生准备和研究中心的斯坦利·O. 福斯特提供，摘自《孟加拉国天花的根除》，作者为 A. K. 乔尔德、D. 塔兰托拉和 J. 图洛赫（新德里：世卫组织东南亚办事处，1980 年）。

冰中。拉希玛沉睡在冷柜中，永远不会死，除非人类决定结束与天花的关系，杀死拉希玛和所有其他的天花毒株。

天花的弱毒株，也就是小天花或类天花，继续在非洲之角散布着传播链。根除者把注意力集中到那里。1977 年 10 月 27 日，索马里一位在医院工作的厨师阿里·马沃·马林突发世界上最后一例自然天花病例。他们为他周围的 5.7 万人接种了疫苗，最后一环收紧了，病毒的生命周期戛然而止。

割开的喉咙

1978 年夏末，在阿里·马沃·马林感染最后一例自然天花后不到一年，英国伯明翰的一名医学摄影师珍妮特·帕克生病了。她禁闭在家中，全身起水疱疹。她的医生认为她是对某种药物产生了不良反应。帕克一个人住，病得太重以至于无法照顾自己。她七十七岁的老父亲过来，把女儿扶到车里带回家住。帕克的病越来越重，父母把她送到医院，医生们发现她得了天花，他们全都惊呆了。

帕克先生在开车接珍妮特回家的十二天后发烧，他在与天花搏斗的过程中死于心脏病发作。9 月初珍妮特死于肾衰竭。十二年前她曾接种过天花疫苗，但免疫力已随时间消失。珍妮特的母亲战胜天花并活了下来；她是地球上最后一个为公众所知的感染过天花的人。在索马里，世卫组织的医生向医院厨师阿里·马沃·马林描述了帕克一家的死亡情况。他们说，他顿时泪流满面。"我不再是最后一个天花病例了！"

珍妮特·帕克曾在伯明翰大学医学院一栋大楼三楼的暗室中工作。在暗室下面一层，沿着大厅走一段距离，一位名叫亨利·贝德森的天花研究人员在做天花病毒实验。贝德森是一个瘦削、温和、外表年轻的男子，他在国际上享有盛名，并与许多根除者建立了私人友谊。世卫组织的一个调查小组始终无法确定珍妮特·帕克是如何被感染的，但他们认为，病毒颗粒从贝德森的天花室飘出，飘过一个用于动物研究的房间，然后被吸入大楼通风系统，向上走了一层，经过一个电话室，又经过另外两个小房间，最后进入帕克的暗室，并驻留在她的喉咙或肺里。

9月2日，当珍妮特·帕克病危时，亨利·贝德森被发现躺在他家后面的种植棚里失去了知觉。他用一把剪刀割开自己的喉咙，体内大部分血液都流了出来。他于五天后死亡，尽管做了输血抢救。

贝德森的割喉让根除者们幡然醒悟到一个事实，尽管这种疾病已经消失，但病毒并没有消失，于是他们开始加紧努力控制世界上所有已知的天花库存。他们认为，随着人类对病毒的免疫力逐年减弱，发生实验室事故的可能性正在增加。

1975年，至少有75家实验室冷冻了天花病毒。包括天花在内的痘病毒可以在冷柜中存活数十年而不被损坏或失去感染力——或许至少五十年。一个装有几瓶天花的冷柜可能成为一颗生物定时炸弹。1976年，最后一例自然天花病例发生的前一年，世卫组织正式要求所有持有天花的实验室要么销毁其库存，要么将它们送到两个合作中心之一。世卫组织没有法律权力强迫任何人放弃他们的天花库存，但D. A.亨德森和其他人态度强硬，不屈不挠。于是一个接一个，保存天花的实验室把样本送往美国和苏联，或自行销毁，或声称已经销毁。

保险库

今天，天花只正式存在于"合作中心"的两个储存库中。其中一个在亚特兰大美国疾控中心的高封闭实验室。另一个在俄罗斯。当科学家处理天花病毒时，国际规则要求他们穿上完整的太空服，并在一个密封的生物安全四级防护区内进行。世卫组织禁止任何实验室拥有超过10%的天花病毒DNA，官方不允许任何人用天花DNA做实验。天花现在对于人类来说是外来物种，具有高度感染性、致命，且难以治愈或不可能治愈。它被普遍认为是对人类最危险的病毒。

疾控中心收集的天花放在一个液氮冷柜里。它是一个不锈钢圆筒，差不多齐胸高，有一个圆形盖子和一个数字温度显示器。冷柜底部有着约7.6厘米深的液氮池，能使冷柜内部的空气稳定保持在零下321华氏度（约零下196摄氏度）。大约450种不同的天花毒株存放其中。这些样本被冻结在被称为冷冻瓶的小塑料瓶中，竖直放在纸板或塑料制成的白色小盒子里，用网格插入物隔开，就像那些储存葡萄酒的纸箱一样。这些盒子被堆放到金属架上，悬在液氮池上方，被笼罩在冰冷烟雾中。疾控中心的全部天花加起来，体积大约是一个沙滩球大小。

美国疾控中心的官员没有透露天花的确切存放地点或外观。冷柜是带轮子的，可以移动，它可能会不时换个地方，就像玩一个脱壳游戏。它用巨大的铁链缠绕着，上面挂满了葡萄柚大小的挂锁。铁链和地板或墙壁上的螺栓相连，除非打开锁或切断铁链，否则无法移动冷柜。有人告诉我，天花冷柜经常被发现放在一个据说类似银行保险库的钢制房间内。这个天花保险库布满了警报器，也可能被伪装了。你可能盯着它都不知道自己的目光正停留在这个世界上已知一半天花的藏身之处。可能有不止一个天花保险库，也可能有一个诱饵库。如果你打开诱饵库，会发现一个装满标有天花字样的瓶子的冷柜，里面除了疫苗什么都没有——这是疾控中心对着一个无能的天花盗贼竖起的中指。天花保险库可以伪装成一个看门人的壁橱，但如果你打开门找拖布，会发现自己正对着一个上锁的保险库，警报器尖叫不休。一旦天花警报响起，配有武器的联邦警察就会迅速现身。

疾控中心储存库的天花可能是以镜像形式保存的：可能有两个冷柜，称为 A 冷柜和 B 冷柜。这一点尚无法确知，但如果存在的话，A 冷柜和 B 冷柜将分别包含一套相同的小瓶——镜像天花——因此，如果一个冷柜发生故障，其内容物被毁，镜像仍将保留。今天没有人会说起镜像天花，但二十年前天花是以这种形式保存在疾控中心的。除了少数中心的高层人士和一些安全人员外，没有人清楚这种形式是不是仍还延续。疾控中心的人不会去讨论储存的细节，他们中许多人可能不知道储存库的存在。他们不知道，也不会问。

月之暗面

黑暗中的一闪
1989 年 10 月 27 日

克里斯托弗·J.戴维斯（Christopher J. Davis）博士正在整理他的办公室，准备结束这寒冷潮湿的一天后，搭上回威尔特郡的火车。办公室位于特拉法加广场外的旧大都会大厦。戴维斯是英国国防情报部门的一名分析员，专业领域为化学和生物武器。他拥有牛津大学医学博士学位，当时在担任皇家海军的外科医生指挥官。他作风严谨爽快，外形优雅，蓝眼睛，浅棕发，脸部棱角分明。

戴维斯办公桌上的文件中包含着源头情报——关于一些国家可能拥有或不拥有化学和生物武器的信息碎片，有些可信，有些不可信。他的工作是把所有碎片挪来挪去，仔细琢磨，就像面对着碎玻璃片，试图把它们拼成一整幅什么东西的画面。当时，化学和生物武器是一潭死水的领域。克里斯托弗·戴维斯往废纸篓里看了看——你不能把任何文件留在那里。窗下，人们正朝着黑暗中的大苏格兰场走去，走向他们的酒吧和地铁。他也愉快地期待着回家的长途火车……可以用来减压、阅读、睡觉……一辆小手推车会装着食物被推过来……

电话铃响了。是他老板，一个代号 ADI-53 的人。"克里斯，你最好马上到我办公室来。我有一份电报需要你看一下。"

戴维斯把所有散乱的文件都扔进办公室的密码保险箱，转动弹子锁上，再锁好办公室，然后匆匆走进走廊。

ADI-53 递给他一份两页的高机密电报。他说，秘密情报局（SIS），也被称作军情六处（MI6），"保护着一个刚刚从苏联叛逃的高级官员"。此人被藏在伦敦郊外的一个安全屋里。他是一位五十三岁的化学家，名叫弗拉基米尔·帕斯切尼克（Vladimir Pasechnik），圣彼得堡超纯生物制剂研究所（Institute for Ultrapure Biopreparations）的负责人。帕斯切尼克博士此前在巴黎参加一个制药行业的贸易展览会，突然向英国大使馆提出了庇护请求。他是一个所谓的未经预约者，一个意外叛逃者。秘密情报局的人带他进行了即时盘问，电报中对结果做了概括。结论主要用帕斯切尼克自己的话来描述，从这样一句开始："我是生物制剂公司 Biopreparat 的一员，这是一个大型秘密项目，致力于苏联生物武器的研究、开发和生产。"电报中有两个词一下子抓住了戴维斯的目光。它们好像能把纸给烧起来：鼠疫和天花。

鼠疫即耶尔森氏菌，一种以黑死病之名广为人知的细菌微生物，在 1348 年左右消灭了欧洲三分之一的人口。它可以通过空气在人与人之间传播，由肺炎性咳嗽推动。

"哦，狗屎！"戴维斯对他的老板说。

戴维斯意识到眼前看到的是一个战略性的生物战计划。鼠疫和天花不是战术性武器。它们不能用于任何形式的有限攻击：从设计上而言就是无法控制的，目的是无差别地杀死大量的人，除此以外没有其他功能。天花的目标是平民，而不是军队。说到底，你可以对付炭疽，因为它不会人传人，但鼠疫和天花完全是另一回事。"如果摆在我面前的东西属实，"克里斯托弗·戴维斯对他老板说，"这意味着他们有战略生物武器，也意味着他们有发射系统或其他运载工具。只不过我们还没有发现这些系统。"

第二周早些时候，在伦敦南部一家色调简陋的商务酒店，戴维斯见到了弗拉基米尔·帕斯切尼克，他和军情六处的监督员坐在一个房间里。他们直接喊他的名字，戴维斯成为他的主要报告听取者。在长达数月的时间里，他在伦敦附近的不同酒店与弗拉基米尔会面，听他说话，并提出问题。房间里总是有监督员，而且总是有一个来自秘密情报局的技术专家。他们没有把帕斯切尼克带到军情六处总部，因为他们认为克格勃特工已经紧盯此地。帕斯切尼克的妻子和孩子还留在国内，他对家人非常担心。

他告诉戴维斯，Biopreparat，也被称为系统，规模非常庞大。该项目拥有大量可装入导弹的冷冻鼠疫杆菌和天花病毒的库存，尽管帕斯切尼克不确定其意图目标。他说，弹头材料经过了基因工程。他非常了解现代分子生物学技术，他的同事们也一样。其中一种主要武器是对抗生素有抗性的转基因鼠疫杆菌。苏联的微生物学家们用蛮力方法制造了它：把自然鼠疫杆菌一次又一次地暴露在强大的抗生素中，通过这种方式迫使耐药菌株迅速演化而出。这类研究在生物学家中被称为"加热"病菌。被加热的鼠疫杆菌会在致命的咳嗽中从一个人传给另一个人，而医生没有药物来对它进行有效治疗。帕斯切尼克说，其中一个转基因鼠疫杆菌菌株已经量产到吨级别。另外，Biopreparat的科学家们正试图利用分子生物技术造出更强大的菌株——将外源基因插入鼠疫杆菌，以进一步"加热"它。

帕斯切尼克说，最近苏联国防部一直要求生物学家开发一种新的制造工艺，用于产出吨量的武器级天花。此前军事生物学家们使用一种旧工艺将天花制成弹头材料，而现在有了新一代导弹，他们想用天花来武装它。苏联军方长期以来都将天花视为一种战略武器——在消灭天花期间，当卫生部在制造并向世卫组织捐赠疫苗时，国防部则在制造并储存天花作为一种武器。他说，天花方面许多进一步工作眼下都在西伯利亚的 Vector 研究机构进行，但他对此知之甚少。

弗拉基米尔·帕斯切尼克对 Biopreparat 的基因工程研究感到焦虑。他担心基因工程的病毒或病菌会从武器项目中逃脱。这成了他叛逃的原因。他不想要钱，只想离开。"我晚上睡不着觉，想着我们在实验室里做的事以及对世界的影响。"他告诉他的英国报告听取者。

英国人一直在向美国的中情局发送加密信息，告知帕斯切尼克所说的内容，但他们更希望和美国人面对面地全面会谈。1990 年春末，克里斯托弗·戴维斯和他的同事完成了对帕斯切尼克的报告听取工作。英国政府随后派戴维斯和一位来自国防情报局的亲密同事哈米什·基利普前往弗吉尼亚州兰利的中情局总部，向美国同僚们详尽介绍了转基因鼠疫杆菌和天花病毒，以及装有生物武器的导弹。英国人并不完全确定这些生物战略导弹是否已投入使用并准备发射，但倘若是的话，很明显它们将对准北美地区。

几年后，克里斯托弗·戴维斯将从伊丽莎白二世女王手中接过大英帝国勋章。虽然女王不知道，他是因为对他老板说了"哦，狗屎"而得到这枚勋章的——这标志着他第一次洞察到俄国人的生物战计划是战略性的，就像一个核导弹计划一样。

"我非常尊重美国的情报部门，"戴维斯回忆起他对兰利的访问时对我说，"然而他们对我们告知的东西感到惊愕。"美国中情局官员可能也是感到惶恐了，因为英国情报部门破获了一个自己不甚了解的苏联战略武器项目。在情报界，由另一个政府的情报官员告知新情况和重要消息，并不是一件好事。然而，即便听了戴维斯和基利普的报告，中情局也有自己的秘密信息没有分享给英国人。他们把这些信息归入 NOFORN，即 no foreigners，意为任何外国人都不能得到这些信息。

禁忌星球

1991 年前的某天，苏联从堪察加半岛发射了一枚洲际弹道导弹，该半岛在地理位置上正好从亚洲插入北太平洋。这枚导弹携带了一个巨大的 MIRV（多重独立再入飞行器）有效载荷，它能分成单独的弹头，落在离散的目标上。MIRV 本身被叫做"巴士"，也很像一辆巴士：载着弹头，让它们去往各自的目的地。

这枚导弹飞出堪察加半岛和飞越大气层时，被美国的间谍卫星和海军舰艇监视到了。MIRV"巴士"从运载火箭上分离出来，在太平洋上空以自由落体的弧线前进，并分成十枚弹头，落入海中。美国的传感器收集了一些关于这次发射的数据，数据必须进行解码、组合并搞清楚它们的意义，整个过程需要时间，但奇怪的东西开始出现。这个 MIRV 有些不同，形状不太寻常，在空中移动时相当古怪——它不像普通核弹头那样旋转，它的前进方向与地球有关。美国卫星上的红外摄像机拍摄到以前从未在苏联弹头上见过的东西：一块巨大的鳍状板在发光发热——当这个飞行器翱翔于太平洋上方时，"巴士"向空中倾泻着热量。为什么它要这么做呢？

从热力学定律来理解，如果有热量从"巴士"涌入空中，就说明"巴士"内部必须是冷的。所以这是一个制冷系统。但"巴士"上有什么东西需要保持低温呢？核弹头本身可以承受超过水沸点的高温。"巴士"分离成十枚小弹头后，每一枚都在穿过大气层的过程中弹出一个降落伞，然后落入水中。但正常核弹头并不需要靠降落伞下落。

这样的发射试验进行了好几次，但具体在何时，中情局到底得到了多少信息，都不清楚。分析需要时间，没有什么是绝对清晰的。1988 年 10 月，中情局获得了安放在堪察加半岛的储存掩体或发射井中的导弹图像，显示弹头通过管道或软管与地面的制冷系统相连。虽说所有的苏联导弹都使用液体燃料，需要保持低温，但即便如此，这些冷却系统的某些方面仍让分析人员觉得它们不是用来冷却火箭燃料的。冷冻意味着生命。这些导弹似乎载有活体武器。

美国中情局和英国情报部门有着密切的联系。不过，中情局还是选择不告诉军情六处有关新型导弹弹头的测试。他们无法绝对肯定这些弹头是生物性的，或者说，无法肯定一种病菌或病毒是否有可能强大到足以代替核武器。从太空降落到城市的病菌是否能造成任何形式的真正破坏，美国情报界似乎对此还很疑惑。而如果生物导弹真的以美国为目标，那么应该将此事告知谁？有关冷冻生物武器弹头的 NOFORN 信息，就像核桃里的肉一样被藏在了中情局内部。

在克里斯托弗·戴维斯和哈米什·基利普向美国人介绍了帕斯切尼克博士告诉他们的情况后不久，美国和英国都对生物武器更加关注起来。乔治·布什总统和玛格丽特·撒切尔首相的情报人员向他们介绍了装有鼠疫和天花的洲际弹道导弹的情况。撒切尔夫人气炸了。她打电话给当时的苏联领导人米哈伊尔·戈尔巴乔夫，强烈要求他向一个外部视察员小组开放其国家的生物武器设施。戈尔巴乔夫拖了一段时间，但最终同意了。

1991 年 1 月，一个英美秘密武器视察小组参观了 Biopreparat 的四个主要科学设施。克里斯托弗·戴维斯也是小组成员之一。他们遇到了联合国视察员后来在伊拉克遇到的同样的问题。苏联的生物学家们不想讨论他们的工作，也不想让任何人看到他们的实验室运作。视察员们遇到的是否认、回避、浪费时间的官僚主义，令人昏昏欲睡、充满酒精、长达数小时的餐宴，混乱的交通安排，以及关于友谊和国际合作的无休止的演说。每回他们从这些演说中抽身，接着就会看到设备完全被移除并进行了消毒的大型四级太空服实验室，显示其不在使用中，尽管里面有各种迹象表明实验室最近一直在运作。他们乘车前往莫斯科南部一个巨大的微生物学设施，名为奥博伦斯克。此处被一层层铁丝网和军事警卫所包围。首席科学家是一位面容瘦削的微生物学家军官，尼古拉·乌拉科夫博士，鼠疫专家。在其中一个四级区域内，视察人员发现了一排两层楼高的发酵罐生产车间。这是一个生产基因工程鼠疫菌的主要设施，但这些罐子现在是空的。当戴维斯和其他视察员指责乌拉科夫博士成吨制造鼠疫菌时，他平静地告诉他们，研究所里的所有研究都是出于医疗目的，因为鼠疫在俄罗斯是"一个问题"。

"这显然是地球上最成功的生物武器项目，但这些人只是坐在那里，对我们撒谎，撒谎，再撒谎。"戴维斯对我说。他坚持认为，苏联政府从未坦白。"直到今天，我们仍然不知道苏联这个项目核心部分的军事设施里发生了什么。"

1月14日深夜，小组抵达 Vector，这个庞大的病毒学综合体坐落在长着落叶松和白桦树的森林中，位于新西伯利亚市以东约32公里一个名为孔特索瓦的小镇附近。他们喝了伏特加，吃了鱼子酱和大量美食，为友谊干了许多杯，然后被送去房间睡觉。第二天早上，在被招待了更多伏特加和鱼子酱的早餐之后，他们要求去看看那座名为 Corpus 6 号的建筑。这是一座家庭式的砖结构建筑，窗户用混凝土镶边。6号院的楼梯是歪的。Vector 的许多楼都是由监狱劳工建造的，据说他们想让每个混凝土台阶的尺寸都略有不同。苏联人的说法是，囚犯们希望某个生物学家从台阶上摔下来，折断他的臭脖子。

视察员们被带进 Corpus 6 号的入口区。一位名叫大卫·凯利的英国视察员是牛津大学著名的微生物研究专家，他把一名技术员拉到一边，问他们在那里研究的是什么病毒。

"我们正在研究天花。"技术员回答。

到 1991 年初，天花本应只存在于美国疾控中心和莫斯科研究所。大卫·凯利听到天花这个词时感到很惊讶，他把下面这个问题重复了三遍——"你的意思是说你在这里的工作内容是大天花？"——并且向技术员强调，他的回答非常重要。技术员的回答也强调了三遍，是大天花。凯利说，他的口译译员是英国政府拥有的最好的俄语译员。"没有歧义。"

视察员们都惊呆了。Vector 根本就不应该有任何天花，更别说用它做实验。

视察员们沿着 Corpus 6 号弯弯曲曲的楼梯上了一层楼，进入一条走廊。沿着走廊的一侧有排玻璃窗，可以看到一个巨大的钢制动力气溶胶试验室。这个装置是用来测试生物武器的——它没有其他用途。小型炸弹会被放在里面引爆，然后将生物制剂释放到试验室的空气中。有管子从这个气溶胶试验室里面伸出。这些管子可以用来安放传感器，或者用来固定猴子或其他动物，然后把它们暴露在试验室的空气中。走廊的另一侧是一个指挥中心，展现出严肃的工作气氛。该中心有大量的表盘、指示灯和开关，看起来像俄罗斯翻拍《禁忌星球》中的场景。（"这是克雷尔①金属……用你的爆破枪试试，上尉。"）

Vector 的科学家后来向视察人员解释说，该试验室是一个 UKZD-25 型生物爆炸试验室。这是迄今发现的最大型、最复杂的现代生物武器试验室。视察员们认为，为天花 MIRV 生物弹头制造的小炸弹可能已经在该试验室进行过测试和改进。

视察员问他们是否可以穿上太空服进入试验室。他们本想从内壁取拭子样本，但苏联人拒绝了。"他们说我们的疫苗可能无法提供保

① Krell，1956 年科幻电影 *Forbidden Planetz* 中的外星物种，它们的科学技术已经达到了人类难以企及的水平，但在两千年前突然灭绝了，留下了许多先进的机器。——译者

护。这表明他们已经开发出对美国疫苗有抵抗力的病毒。"视察员之一弗兰克·马林斯基博士说。这时候苏联人变得烦躁起来，命令视察员们离开 Corpus 6 号。

那天，在丰盛晚宴上，充满了为合作关系掀开新一页而干杯的祝辞，三位视察员——大卫·凯利、弗兰克·马林斯基和克里斯托弗·戴维斯——与 Vector 负责人展开了当众对峙。负责人名叫列夫·S. 桑达赫基耶夫，是一位痘病毒学家和科研管理人员。（他的名字发音为 Sun-dock-chev，但许多科学家只叫他列夫。）最后他愤怒地离场了。克里斯托弗·戴维斯对我说："列夫是个矮个儿，有一张干瘪的、饱经风霜的、皱巴巴的脸，黑头发。他非常聪明能干，是个强硬的人，满满的友善，但他不高兴的时候会变得非常让人讨厌。"

桑达赫基耶夫激烈地坚持说，他的技术员说错了。他叫来副手谢尔盖·涅特索夫支持自己的说法。这两位领导声称 Vector 没有进行过天花研究。苏联唯一有天花的地方是莫斯科研究所的世卫组织储存库。他们说，他们一直在用天花基因做基因工程，仅此而已。他们还说，Vector 没有任何活的天花，只有这种病毒的 DNA。两人越是谈及基因工程和天花 DNA，在视察员们听来就越是可疑和可怕。"他们都在撒谎，"大卫·凯利对我说，"那是一个非常、非常紧张的时刻，像是永远不会结束。"

"事实是，在我们到达前一周，他们一直在爆炸试验室里测试天花，"克里斯托弗·戴维斯说，"这些人胆子真大。"

当年与会的 Biopreparat 研究和生产第一副主任卡纳特扬·阿利别科夫博士，后于 1992 年叛逃到美国，改名为肯·阿利贝克。他透露了 Biopreparat 的全盘规划，以及克里斯托弗·戴维斯和其他人没有想象过的细节。阿利贝克描述的是一个巨型项目，它分成为若干个秘密隔间。项目内部也很少有人知道它的范围，因为它是分隔开秘密进行的，有可能分裂成更小的碎片，而这个世界可能永远都不知道所有的碎片都去了哪里。

显然，1991年12月苏联解体时，其生物武器计划已经相当成熟。再早几年，1989年，在莫斯科东北约48公里处的一个名为扎戈尔斯克病毒学中心的军事设施里，生物学家制造和管理着20吨武器级天花。和亚特兰大收集的少量天花瓶的层层安全保护比起来，这里的天花存放绝对不寻常，它们显然被保存在绝热移动罐里，这样就可以通过轨道车或货运飞机运送。在莫斯科以东大约80公里，一个叫波克罗夫的军事设施里似乎还有另一批冷冻天花弹头材料。

肯·阿利贝克透露，这些生物弹头可以装满干粉或液体天花。每个MIRV"巴士"有十枚弹头，每枚弹头内有十个葡萄柚大小的小炸弹。弹头使用降落伞飘向地球，接近地面时会爆裂，抛出一排扇形排开的小炸弹，其中每一枚携带的液体天花可达200克。这些小炸弹可能是以二氧化碳气体加压的，能喷出一层天花雾。每一枚弹头都能释放出半加仑的天花雾[1]，嘶嘶地随着小炸弹落下。这些雾会飘到屋顶上，进入那些在户外的人体，进入房屋和学校，被吸入办公楼和购物中心的通风口。一枚MIRV导弹可以向一座城市投放约20公斤的天花雾。听起来并不多，但如果你回想彼得·洛斯咳嗽一下就能往空气中投入多少天花，感觉就不一样了。

被指定用于弹头的天花据说是一种被苏联人命名为印度1号的毒株。它是1967年在印度一个叫沃帕尔的小地方采集来的，采集科学

---

[1] 原文如此，half gallon of smallpox mist，考虑到十枚小炸弹一共携带了2 000克的天花液体，差不多就是2升，半加仑约等于1.89升，两个体积正好相当，如果散成雾气，体积会指数级增长，所以这里不可能是半加仑天花雾，正确的理解应该是：每一枚弹头能释放半加仑的天花液体。——译者

家显然奉了克格勃之命去获得一些毒性非常高的痂皮。他们可能将这一毒株与其他毒株进行了测试，以了解哪一个最毒，也有可能是选择了一个似乎对疫苗更有抗性的毒株。（这几乎肯定需要进行人体试验。）无论如何，沃帕尔毒株，或印度 1 号，成为一种战略武器。该毒株对人类的毒性可能格外强。俄罗斯联邦的官员含糊地承认了印度 1 号的存在，但俄罗斯政府迄今仍拒绝与任何外国科学家分享该毒株，因此其特征和防御手段尚不清楚。

1991 年，世卫组织在日内瓦市中心的冷藏站储存了 2 亿剂冷冻天花疫苗。这是世界上主要的天花疫苗储备。这些疫苗库存每年花费他们 2.5 万美元的储存费，大部分是用于冷柜运转的电力。1991 年，一个被称为“正痘病毒感染问题特设委员会”的专家咨询小组建议销毁 99.75％的疫苗库存，部分原因是为了节省电费。由于该疾病已被根除，因此疫苗失去了必要性，它们被从冷柜中取出，通过烤箱消毒，然后被扔进废料箱。此举每年为世卫组织节省了不到 2.5 万美元，并总共留下了 50 万剂的天花疫苗，相当于地球上每 12 000 人只有不到 1 剂疫苗。世卫组织目前没有增加库存的计划，因为补充减损的数量将花费 5 亿美元，他们没有这笔钱。

根据几个独立的消息来源，1990 年，列夫·桑达赫基耶夫负责 Vector 的一个研究小组，该小组设计了一种更有效的方法，在工业规模的制药罐中大批量生产弹头级别的天花病毒。1994 年，在桑达赫基耶夫告知英美生物武器视察员他们那里没有天花的三年后，他的手下建造了一个天花生物反应器的原型，据说用大天花病毒进行过测试。该反应器是一个 300 加仑的罐子，看起来像热水器，围着迷宫般的管道。它杵在四条粗壮的腿上，放置于 Corpus 6 号中间位置的四级高危区，在这幢楼的第三层。反应器里装满塑料小珠，上面生长着非洲绿猴的肾脏活细胞。Vector 的科学家们将反应器灌满细胞营养液，并加入一点点天花。该反应器在血温下运行。几天后，天花会在肾脏细胞中传开，因为天花的扩增，生物反应器变得非常热，里面的液体可以用管道抽出并冷冻起来。从生物学角度来看，这些液体危险至极，足以产生全球性的影响。这个反应器运行一次，就将产生大约100万亿剂致命剂量的大天花——足够给地球上的每个人来上差不多2 000剂①。不过，Vector的科学家们坚称，直到1997年之前他们都没有做过天花实验。

据报道，Vector的天花反应器现已年久失修。一直没有任何外国人被允许进入Corpus 6号的太空服区域，直到1999年，才有一队美国科学家进入。该区域已经消毒，他们没有穿太空服，但确实穿了三级装备。他们注意到这个痘生物反应器，并问这是什么。一个Vector的员工板着脸用浓厚俄罗斯口音回答道："是一个污水处理设施。"

这些美国人是病毒学家，他们很清楚病毒生物反应器是什么。其中一个美国人回答说："哦，是的，没错。"Vector的科学家们误解了这个回答，以为美国人认为他们的罐子没有问题。最近，Vector的副主任谢尔盖·涅特索夫在给一位名叫阿兰·泽利科夫的美国政府科学家的电子邮件中坚称，确确实实，Vector的痘反应器真的是一个污水处理池。"谢尔盖在撒谎，他只是在撒谎，"泽利科夫对我说，"我想起了泰迪·罗斯福说过，即便撒谎并不符合他们的最佳利益，俄国人也会这么做。"

Vector的科学家们已经破产。现在那里的一些武器生产罐偶尔被用来生产调味酒，在俄罗斯以"西伯利亚海妖"的品牌名销售。

似乎没有人知道那数吨冷冻天花或生物弹头发生了什么。今天，扎戈尔斯克病毒学中心和波克罗夫的生物武器设施都处于极其严密的

---

① 这里用的地球人口数应该是50亿。——译者

军事安全防护之下。这两个地方由俄罗斯国防部控制，对所有外部观察员都不开放，生物武器视察员或世卫组织代表从未访问过它们。阿兰·泽利科夫说："当我们接近那些地方时就会吃闭门羹，被告知要离开。我认为结论是，他们在继续搞生物战研究。"扎戈尔斯克和波克罗夫的军事官员从未向外界提供任何证据，证明曾经储存在这些地方的数吨天花被销毁了。"这个64 000美元问题①是那些弹头的天花材料发生了什么，"一位知情人士说，"我们从俄罗斯同行那里得到的只是一些空洞的保证，比如'如果它曾经存在过，那么现在已经没了'。很难让他们承认在弹头里装了天花。我们不知道这些弹头眼下在哪里。如果它们被注入高挥发性的天花，怎么排出？我们问他们：'你们排空弹头了吗？'他们没给答案。如果这些弹头没有被排空，那么它们现在就带有天花。"

似乎没有人相信扎戈尔斯克的军事病毒学家，甚至连其他俄罗斯生物学家也不相信。据悉Vector的科学家们私下把他们称为svini——猪。美国国务院分发了一份内部简报，里面提到，《真理报》曾援引列夫·桑达赫基耶夫的话，他担心"新西伯利亚（Vector中心）以外的实验室可能存在天花样本，例如基洛夫、叶卡捷琳堡、谢尔吉耶夫镇（扎戈尔斯克）和圣彼得堡"。桑达赫基耶夫后来坚称《真理报》完全误解了他："我从未说过。这真是疯了！"

泽利科夫对此事的评论是："列夫无疑因为他的言论受到了处罚。"另一位曾处理过Vector相关事宜的美国政府科学家对我说："我敢打赌，扎戈尔斯克有秘密的天花库存，俄罗斯人自己告诉我们，他们失去了对天花的控制，不确定它去了哪里。他们没有说是什么时

---

① 此处用了一个流行语。64 000美元问题原意指1950年代在美国CBS电视台播出的一个有奖答题节目，参赛者回答问题赚取的钱随着问题难度增加而逐个翻倍，答对所有设置问题可以得到64 000美元。——译者

候失去控制，但我们认为发生在 1991 年左右，就在苏联解体的时候。"天花病毒的强毒原株形态可能是一粒面包屑大小的冻干，可能是一滴泪珠大小的液滴。如果有一滴印度 1 号天花从一个油罐车大小的储存容器中消失，它也不应被疏忽。

1994 年至 1998 年期间，担任联合国驻伊拉克生物武器视察组的负责人是一位名叫理查德·O. 斯佩特泽尔（Richard O. Spertzel）的微生物学家。斯佩特泽尔在 1950 年代末参军，并被分配到德特里克堡的美国生物武器计划，在那里担任兽医和医疗官员。1969 年，当生物战计划被关闭时，他继续留在 USAMRIID，从事和平向的生物防御工作。他对生物武器很了解。斯佩特泽尔现在六十多岁了，身材敦实，戴着眼镜，留着白发平顶寸头，说话的方式低调而直率。他去过伊拉克大约有四十次之多，直到伊拉克政府把这些"爱管闲事"的视察员赶走。斯佩特泽尔考察了可疑的生物武器研发地点，并指挥了对伊拉克的主要炭疽工厂哈克姆的分析和捣毁，这是巴格达西部沙漠中的一个导弹基地上的建筑群，最后被联合国小组用大量炸药给炸掉了。斯佩特泽尔现在住在马里兰弗雷德里克郊外一片约 4 公顷的土地上，距离 USAMRIID 只有几分钟车程。

"在我看来，伊拉克人有天花的种子储备，这毫无疑问。"斯佩特泽尔对我说。

"你为什么这么认为？"

"简单来讲，伊拉克人对我们正式承认过，1974 年之前他们就在努力研制大规模杀伤性武器。"他说。斯佩特泽尔解释说，到那时候，伊拉克人已经在一个名为塞勒曼帕克的基地建造了一对生物安全三级实验室综合体，该基地位于底格里斯河一个转弯处的半岛。塞勒曼帕克由伊拉克安全局管理，在那里有一个他们所谓的"反恐训练营"。

"建造这些生物隔离实验室是需要一段时间的，所以我们认为他们的生物战计划开始于 1973 年或更早。"他说。

1972 年，伊朗暴发了天花，并蔓延到伊拉克。"那次暴发之后，伊拉克的医院实验室里会有很多天花样本，"斯佩特泽尔说，"谁要是说伊拉克在开始实施生物武器计划的时候会把这些样本都扔掉，我是不相信的。"

1990 年代中期，联合国视察员经常使用巴格达郊外的哈巴尼亚空军基地。每次他们飞到哈巴尼亚，转去城镇的路上，都会驶过一群尘土飞扬的混凝土建筑，叫做科莫迪亚，属于该国卫生部的一个部门。科莫迪亚大楼都是仓库和修理厂，周围一圈公寓楼和居民区。这似乎不太像是一个生物战相关的场所，但在伊拉克，你永远没法确定什么，所以有一天，视察员们决定到科莫迪亚周围看看。

那家修理厂啥也没有。他们走进仓库，在二楼发现一台机器独自停放在房间里，等待维修。视察员们认出这台机器是一种冷冻干燥机，用于将冻干的病毒种子填装入小试管。这台机器上有一个标签，上面写着天花。

"我只能指望他们已经给这玩意儿做了消毒。"斯佩特泽尔说。

伊拉克生物战项目中的顶级病毒专家是哈泽姆·阿里博士，一个四十多岁、健壮、骄傲的男人，拥有英国纽卡斯尔大学病毒学博士学位，说一口流利英语，带英国口音。"他是我们接触过的最杰出的科学家之一。"斯佩特泽尔说。阿里博士管理着一套三级生物隔离实验室，叫做马纳尔，是伊拉克的病毒武器开发设施。马纳尔位于巴格达的远郊。联合国人员曾在拉希德酒店的一个房间里询问了阿里博士一段时间，1995 年 9 月，他们又在一间会议室里对他进行了询问，现场有伊拉克政府安放的摄像机。斯佩特泽尔也在场，听取了阿里博士讲述他在马纳尔的痘病毒工作。阿里博士说，他和他的团队一直致力于开发骆驼痘病毒作为一种生物武器。骆驼痘病毒与天花病毒的关系极为亲近。它会使骆驼生病，但几乎从没感染过人——你可以用手去摸长脓包骆驼那湿漉漉、结痂的口鼻，然后舔舔自己的手，再往自己脸上擦擦，也不会感染骆驼痘。

"靠在椅子上听着这些话，你得努力控制自己的情绪，"斯佩特泽尔说，"如果我从大街上某个男人那里听到，我会说：'他是个白痴。'但这是哈泽姆·阿里博士，他不是一个白痴，他是一个受过英国教育的病毒学博士。我们对他们的骆驼痘的唯一解释是，这是研究天花的一个幌子。"马纳尔的生物防护区被保持在三级，但安全控制方面看起来并没有达到西方的标准。联合国小组中的美国人和大部分欧洲人都被马纳尔吓到了。他们想炸掉这个地方，但法国政府否决了这个想法。

马纳尔是由当时的法国疫苗企业巴斯德-梅里埃公司（现在是安万特-巴斯德公司的一部分）建造的。该公司当时造的是一座兽用疫苗生产厂，在培训伊拉克员工的同时他们也经营管理着这座设施，他们的人在马纳尔被改造成痘病毒武器工厂的几年前就离开了，尽管法国人可能有点天真，但没有证据表明他们曾认为伊拉克会利用该工厂制造武器。

无论如何，法国政府不希望看到一座法国造的工厂被炸毁，主要是因为这可能威胁到他们在伊拉克的其他商业利益。联合国不得不找了个不那么明显的方法来废掉该设施。"离开伊拉克之前，我们用泡沫和混凝土的混合物塞住了空气循环系统，我相信我们让这些实验室没法用了。"但这其实并没有什么用。三级实验室的建造成本不高，也不难隐藏。大多数合法的三级研究设施就是几个房间而已，可以建在任何地方。

1999 年，伊拉克政府要求联合国提供资金，以重新开放马纳尔。

这一请求遭到了拒绝。

"他们的生物战项目仍然继续，"斯佩特泽尔说，"现如今伊拉克人还在研究天花的可能性很大。"

1991 年，美英视察小组访问了 Vector，发现有证据表明 Vector 的科学家们正在进行天花基因研究，并在一个战略武器系统的试验室中测试活病毒，测试结果被列为机密。美国政府决定与俄罗斯联邦的新领导层悄悄合作，看是否能在不引起太多关注的情况下解决这个问题。如果全世界都知道俄罗斯有一个巨大的生物战项目，而且是一个涉及基因工程的项目，那么其他国家可能也会心动，试图去参与黑暗生物学开发。但一位涉入美俄谈判的主要专家说，外交途径解决的尝试最终失败了，俄罗斯人一直拖延着美国人，视察也停止了。"整件事陷入了困境。"

"他们的生物战计划就像一个鸡蛋，"弗兰克·马林斯基告诉我，"我们看到了蛋白，但没有看到蛋黄。他们把鸡蛋煮熟，然后把蛋黄取走藏了起来。"

1997 年，俄罗斯政府突然宣布，莫斯科的天花存储已被转入 Vector。一年后，世卫组织批准了这一决定，Vector 成为美国疾控中心以外唯一的官方天花储存库。

今天，Vector 基本上被遗弃了，那里大约 80％的建筑都成了废墟或无人使用。根据《减少威胁合作计划》，美国政府向 Vector 的科学家提供了数百万美元，赞助他们进行和平研究。前去拜访的美国科学家被告知，来自伊朗的生物学家或官员代表团已经来过 Vector，并想要雇用它作为分包商，对诸如埃博拉、马尔堡、也许还有天花等病毒进行尚未指明的研究。而美国情报界普遍认为，伊朗拥有一个强力发展的现代生物武器计划，可能是为了应对伊拉克的生物战计划而建立的。

外部的人都没见过 Corpus 6 号内的天花冷冻库，但实际上有两个，A 库和 B 库。据说 Vector 镜像天花库里有 120 个不同的已命名病毒样本，每一个都可能分放到两个或更多同款的强毒原株小瓶中。Corpus 6 号被铁丝网包围，由军队看守，安全系统是贝克特尔集团建造的，并由美国政府出资，防止里面的天花流入其他地方。

日内瓦之争

2001 年 10 月 16 日凌晨 4 点，当 USAMRIID 正在对达施勒炭疽信进行分析时，该所的高级科学家彼得·耶林被叫到了办公室，他是雷斯顿埃博拉病毒的共同发现者和命名者，这是唯一一个出现在西半球的埃博拉病毒型。埃博拉病毒是一种来自非洲热带雨林和稀树草原的新发病毒。现在有五个[1]已确定的埃博拉病毒型。其中最危险的是扎伊尔埃博拉病毒，会杀死 95％ 的感染者，而且没有治疗方法。1989 年，弗吉尼亚雷斯顿市（位于华盛顿特区的近郊）有过一次埃博拉病毒暴发[2]，就是这次事件让耶林发现了雷斯顿埃博拉病毒。而在知道该病毒是什么之前，他无意间闻了一个装有病毒溶液的小烧瓶，他的同事、显微镜专家汤姆·盖斯伯特（即后来耶林请他检查达施勒炭疽的那一位）也闻了一下。事故发生后的一段时间里，两位科学家每天都给自己做血检，但他们从未得病。两人最终成了雷斯顿埃博拉病毒的官方共同发现者，而且继续合作研究埃博拉。彼得·耶林还发现了抗病毒药利巴韦兰可以成功治愈拉沙病毒感染者，这是一种

---

[1]　现在有六个，第六个邦巴利埃博拉病毒于 2018 年发现。——译者
[2]　这次疫情发生在实验室猴子身上，该事件是作者另一本畅销书《血疫》的主题。——译者

会让人大出血的四级病毒。

1990年代，有越来越明显的迹象显示俄罗斯和其他国家存在生物武器，这种状况令人担忧，彼得·耶林把兴趣扩大到埃博拉之外，开始研究天花。他为《减少威胁合作计划》工作，经常飞往Vector，在那里他认识了列夫·桑达赫基耶夫、谢尔盖·涅特索夫和该机构的其他许多人。他每年都和这些人交换圣诞贺卡，去拜访时也一起喝伏特加。他个人很喜欢他们，并努力和他们融洽相处。

在1990年代末，美国几乎没有什么天花疫苗可供使用——不管怎样，不足以阻止一次哪怕是小规模的暴发。耶林参与了建立国家储备的努力，但他开始认识到，要是遭到生物恐怖袭击，只有疫苗是不够的。传统的疫苗，即牛痘，不良反应包括脑部疾病和死亡，发生率很高，这一点或使它无法被现代药物安全标准所接受。根据现行规定，大约有五分之一的人无法接种。这种疫苗是一种活病毒，会让免疫力低下的人得病，或杀死他们。现在世界上有大量免疫力低下的人，包括那些服用免疫抑制类药物的人，如化疗患者或炎症患者，还有HIV阳性也降低了很多人的免疫力。此外，这种疫苗不能给湿疹患者或湿疹患者和其他皮肤病患者的家庭成员接种，也不能给孕妇或家中有婴儿的家庭接种，因为接种形成的脓疱一旦渗出，就会传染。如果无差别地给在美国的每个人注射天花疫苗，人们怀疑这至少会造成300人死亡，或者是1 000多人，没人真正知道会有多少。不少人也会因此生病。试想一家制药公司向市场投放了一种导致1 000人死亡的药物，那无疑将成为制药行业史上最大的丑闻之一。

耶林身边有一个松散合作的研究小组，他鼓动这些人开发其他方法来保护人们免受天花侵袭。抗病毒药物已在抗击艾滋病病毒方面节节取胜，这一点使得他信心大增。

病毒学家约翰·哈金斯（John Huggins）是耶林在研究所的合作

者之一，他开展了一些实验，发现一种叫做西多福韦的药物可以成功治疗感染猴痘的猴子。1995 年，在疾控中心的高密闭实验室里，哈金斯还发现西多福韦在试管中似乎有抗天花作用。西多福韦可能可以帮助天花患者，又或许是其他天花药物会被发现。天花抗病毒药物也可用于治疗对现有疫苗有不良反应的人；当出现数百万人需要快速接种天花疫苗的情况时，它可以成为免疫受损人群的安全网。

开发天花药物和新疫苗的过程中，对活天花进行实验是必不可少的，除非它已在至少一种受感染的动物身上进行了测试，并证明有效，否则美国食品与药品监督管理局（FDA）永远不会批准这种药物或疫苗。两个世纪前，爱德华·詹纳在一次人体挑战试验中测试了他的疫苗。而今天，用真正的天花进行人体挑战试验是不道德的，而且高度非法，很可能被视为反人类罪行。除了詹纳的方法，必须有其他方法来测试天花的治疗手段。

在 1979 年 12 月根除行动被正式宣布完成之前不久，D. A. 亨德森移居到巴尔的摩，成为约翰·霍普金斯大学公共卫生学院院长。他和家人在校园附近一所坚实的乔治时期风格的砖砌房屋里安顿下来。他们沿着房子的一侧建了一个日式花园，亨德森乐于在那里招待学生和教员。他喜欢在起居室里享受周六，坐在玻璃推拉门边的大休闲椅上，从那里可以看到花园。多年来，妻子娜娜一直追问他是否有退休计划，他说自己想过，但不是马上。他曾在老布什的白宫里担任过一段时间的总统科学顾问，并获得了最高机密级别的国家安全许可。1990 年代中期，他开始对苏联/俄罗斯的生物战项目有所耳闻。1995 年开始，政府向涉及公共卫生、微生物学和天花的人员配发国家安全许可证。他们中许多人被带到 USAMRIID 的一个会议室，由彼得·耶林和其他有专门知识的人介绍情况。他们还听取了肯·阿利贝克的简报，他是继弗拉基米尔·帕斯切尼克之后，第二位从苏联Biopreparat出来的重要叛逃者。

D. A. 亨德森对了解到的情况感到沮丧。他迟迟无法接受关于苏联在天花方面的令人不安的信息，几乎无法去面对这些信息。苏联的公共卫生医生是根除天花的早期推动者，该国为这项工作捐赠了许多疫苗。世卫组织在莫斯科的天花管理员斯维特拉娜·马伦尼科娃，看起来完全是一个专业科学家。接受这一点让亨德森很受伤，但到1997年初，他得出结论，天花绝不是放在两个冷柜里就可以被控制住。最令他震惊的是在扎戈尔斯克发现了 20 吨天花，他认为这非常下作。早在 1998 年，他就对奥萨马·本·拉登有所警觉，并公开挑明本·拉登组织可能会获得天花。亨德森开始在幕后鼓励美国政府建立天花疫苗的储备，但又发现这很难，因为似乎没有人认真地对待这一威胁，也似乎没有人了解这种疾病有多严重，或是它的传播有多快，除了像彼得·耶林这样的少数分子。由于越来越担心生物恐怖主义的威胁，亨德森成立了约翰·霍普金斯大学民用生物防御战略中心，并成为首任负责人。

1999 年一个灰蒙蒙的冬日，我去亨德森家拜访他，我们坐在起居室里，吃着火腿三明治，喝着摩森啤酒。他老了一些，但还是那个男人——约 1 米 89，宽肩膀，长着皱纹、棱角分明的脸，耳朵尖尖的，头发浓密，虽然现在是一头灰色。他那沙哑的声音和人类力量的光环充满了整个房间。这是那位把天花病毒从人类世界驱逐出去的医学博士。墙壁和架子上满满都是非洲和亚洲的雕塑，还有他在旅行中捡到的木制埃塞俄比亚十字架。"如果今天天花出现在世界上的任何地方，按照现在的飞机旅行方式，大约六周时间就足够把病例播撒到全世界，"他说，"投下一颗原子弹会在特定区域造成伤亡，但投下天花可以吞噬整个世界。"他呷了一口摩森，天空已是青石色，雨滴在日式花园的木制平台上飞溅。

那个时候，当 D. A. 亨德森说他认为天花真的可能在全球暴发时，很少有公共卫生专家或政府官员会认真对待。在华盛顿，他被视为一个老家伙，有些讨人嫌。亨德森打算在可预见的未来继续讨人嫌下去。他保留了自己的最高机密国家安全许可，因为他相信如果发生生物恐怖事件，政府可能想拉他去帮忙，而他需要安全许可才能干活。这个权限也让他得知了一些没被新闻报道的小型生物恐怖威胁，他觉得它们预示着更大的麻烦。"过去十天，我们收到了 14 次不同的炭疽恐吓。这些人和他的弟兄都威胁说要使用炭疽。当然，真的生物恐怖事件总有一天会发生。"

他一直平静而执着地发声，主张销毁官方的天花库存。"我们需要做的是创造一种氛围，把实验室拥有天花的行为作为一种反人类罪。如果全球承诺销毁天花，这种病毒被用作武器的可能性就会降低。降低了多少，我不知道。但它的安全级别被提高了。"

亨德森是正痘病毒感染问题特设委员会的成员，该委员会是世卫组织的天花咨询小组，主要由参加过根除行动的"老将"组成，他们不定期地在日内瓦开会。从 1980 年起，他们开始讨论如何废除亚特兰大和莫斯科的这两个病毒库。亨德森说，当时他并不太关心这些库存是否要被销毁，因为疾病已被根除，这才是他认为最重要的事情。美国疾控中心和俄罗斯病毒学研究所的两套冷柜里，总共有不超过数磅的冷冻天花材料。这些小瓶子可以装进几个纸板箱，用烤箱加把热似乎很容易。

一些委员会成员认为，销毁亚特兰大和莫斯科的天花库存相当于有目的地灭绝一个物种。尽管它是天花，是人类最糟糕的疾病病原，但把它送入灭绝的境地是否合适呢？（他们并不知道，苏联当时正在成吨制造用于装入洲际弹道导弹的天花病毒。）

1990 年，美国卫生部长路易斯·沙利文向世卫组织提出询问，想知道他们的立场是什么：天花作为一个物种是否应该被灭绝？特设委员会就此征求了各主要微生物学会以及俄罗斯医学科学院的意见。答案回复，而且是一致的：天花应该消亡。没有人希望天花病毒继续存在。即便如此，委员会还是建议保留天花的 DNA 信息。1991 年，美国疾控中心的痘病毒学家约瑟夫·埃斯波西托和基因组科学家克莱格·文特尔对天花拉希玛毒株的完整 DNA 进行了解码。这个毒株的遗传信息可以被保留下来，与此同时它和它的伙伴毒株则可以被灭绝了。

1994 年，特设委员会和世界卫生大会一致投票决定销毁所有的天花库存，并把最后执行期限定在 1995 年 6 月 30 日，这些官方库存将被放入高压灭菌器中加热以达到消毒目的。但接下来，英国国防部和美国国防部突然开始反对这一计划。1995 年的最后期限过去了，天花库存仍然呆在冷柜里。

在那些饱受天花之苦的非工业国家，政府不喜欢美国和英国军方保留天花的想法，这让他们非常紧张。1996 年，世卫组织全体大会又一次投票赞成彻底销毁官方库存，并将新的最后期限定为 1999 年 6 月 30 日。随着日期迫近，反对声持续不断。这一轮反对声有来自俄罗斯的，也有来自一些美国科学界成员的，他们主要是病毒学家，为了纯粹的科学好奇心而想研究天花。1998 年夏天，美国国家科学院下属的医学研究所成立了一个专家组，探讨什么样的重要研究可能需要真正的天花。D. A. 亨德森对此一肚子火。他反对专家组提出问题的方式："如果你问一位科学家手上有活天花病毒，可以做什么研究，他当然会告诉你可以做很多研究。"在他看来，并没有什么正当的理由去研究真正的天花。他不再对天花只留在两套冷柜里抱有幻想，但他认为美国和俄罗斯有一个机会向世界展示道德制高点。他觉得，既然传统疫苗已经在根除天花方面起到了效果，那么如果发生天花生物恐怖袭击，这种疫苗也将再次发挥作用，而研制一种抗天花病毒药物是一次风险大胜算小的赌博，会浪费资源，对于美俄两国的国际形象也没什么好处。"研发一种治疗天花的新药将花费 3 亿美元，这笔钱不知道在哪里。"

1999 年 1 月 14 日，正痘病毒感染问题特设委员会聚集到世卫组织开了一次会，地点是附属大楼的一个会议室，由 D. A. 亨德森主持。与会者都是委员会核心成员，还有一些旁听者坐在房间边角的椅子上，时而提问。其中一位便是彼得·耶林。Vector 的负责人列夫·桑达赫基耶夫坐在内圈，和根除者们一起。他是个烟鬼，每次间歇都会走到户外，在寒冷的走道上踱来踱去，身边笼罩着他那俄罗斯香烟刺鼻的蓝色烟雾。

列夫做了演讲，用英语宣读了一份准备好的长篇文稿，当他回答现场提问时，莫斯科世卫组织天花储存库的前监护人斯维特拉娜·马伦尼科娃帮忙做口译。桑达赫基耶夫说，直到最近，Vector 公司才开始天花工作。尽管世卫组织的天花在 1994 年就被转移到 Vector，但在冷柜里放了三年，直到 1997 年那里才有人将病毒用于实验。

话一出口，房间里就炸锅了，要知道世卫组织直到 1998 年才正式批准 Vector 作为储存库，但桑达赫基耶夫所言表明，天花在未经任何人许可的情况下被移出莫斯科，比大家以为的转移时间要早好几年。

日本的根除者有田勋博士特别惊诧，他责问这些俄罗斯的天花科学家们："那你们为什么要转移它？为什么不告诉我们？"

亨德森有充分的理由相信，桑达赫基耶夫和他的手下从 1990 年开始就一直在开发和测试天花武器。"我翻了个白眼，"他回忆道，"我看到彼得·耶林和其他人对我翻白眼。这相当之煞费苦心，也相当之难以置信。我们坐在那里，他上台一通胡扯，而且他自己明白这是胡扯。他就是明目张胆地撒谎。"

会议临近结束时，亨德森发表了看法，用他那沙哑的声音讲了四十五分钟，充满激情和克制着的愤怒。他说，像本·拉登和日本的奥姆真理教那种对世界造成威胁的组织有可能得到天花并使用它。如果天花被用作生物恐怖武器，地球上的每个人都会处于危险之中，因此全世界领头国家的当务之急就是达成一致，销毁官方的天花库存。他直视桑达赫基耶夫和曾经共事过的马伦尼科娃，说他相信俄罗斯至少有三个地方存在天花，而俄罗斯的几位生物战科学家已经"南下"——去了中东国家。他说自己反对用天花开展任何进一步的实验室研究，并向与会人员提出了一个问题："在过去二十年里，你究竟有多少次真正要用到天花的研究需求？"

列夫·桑达赫基耶夫坚定地表示，他和他的团队直到最近之前都没有对天花做过任何事。

美国疾控中心几乎没有要用到天花的实验。他们的天花一直在冷柜里冬眠，唯一的例外只有那次把拉希玛毒株取出来，让埃斯波西托和文特尔对其 DNA 进行测序。但彼得·耶林想唤醒天花毒株，并将其用于研究。他坐在旁听席的座位上，开口道："亨德森，分子生物学的工具在过去二十年里有了相当大的进步。过去没有对天花病毒的需求，并不意味着将来不会有对天花病毒的需求。"

亨德森回答说，为了研究抗病毒药物或更好的疫苗而保留天花的论点完全站不住脚。一种新疫苗需要一个动物模型做测试，但我们永远不会有这样的模型。天花不会感染动物，这是一种人的病毒。可以肯定地说，D. A. 亨德森在说这番话时，几乎沉浸在一种难以忍受的巨大痛苦中。

会议最后就保留还是销毁库存进行了表决。投票结果是五票赞成，四票反对——亨德森取得了微弱胜利。然而这种病毒实际上已经脱离了世卫组织的控制，列夫·桑达赫基耶夫表达的差不多就是这个意思。亨德森懊恼万分的一点是，他和委员会其他成员没有在1980年，也就是根除天花之后，立刻投票决定销毁天花库存，那时候每个人都会同意这样做。

天花病毒的"行刑日"被定于1999年6月30日，已进入倒计时。然而到4月，美国医学研究所发布了一份报告，称如果想要获得新的天花疫苗或抗病毒药物，那么就需要保留这种病毒进行科学实验。比尔·克林顿总统个人一度是赞成销毁天花的，但这份报告改变了他的观点，白宫现在强烈支持保留库存的想法。一个月后，世卫组织全体大会投票决定将天花再保留三年，延期到2002年6月30日。研究人员——主要是彼得·耶林和他的团队——可以利用这段时间看看是否有可能用一种药物治愈天花，或者是否有可能找到一种可以感染天花的动物，以便测试新疫苗。

对耶林来说，这个赌注不能更高了。他认为天花事故应急同核事故应急一样糟糕。"天花基本上是一种可以让全世界下跪的病毒。在我看来，它降临到我们头上的可能性远远大于核战争。"他对我说。现在他只有三年时间来对此做点什么。好几次，他凌晨3点醒来，笔直地躺在床上，因为对天花的焦虑而失眠。他会在头脑中和D. A. 亨德森说话：该死的，D. A. ……他和这位根除者对天花本质的看法是一致的——它是所有生物武器之母。但他俩无法就如何解决这一问题达成一致。

一个平静生活的女人

丽莎·亨斯利

1998年9月1日，一位二十六岁的平民科学家丽莎·亨斯利（Lisa Hensley）第一次来到 USAMRIID 工作。她是一名博士后，获得了美国国家研究委员会提供的奖学金。亨斯利在日耳曼敦租了一套一居室公寓，离弗雷德里克大约二十分钟车程。她搬来了一张沙发和一台电视，都是祖母留给她的。

丽莎·亨斯利中等身材，淡褐色的眼睛，深棕色的头发，通常扎着马尾辫。在实验室工作时，她会把头发扎起来，这样就不会掉到实验设备里面去。她长着一张坦诚的脸，举止从容淡定，说起话来语速很快且表达精准。她肩膀宽宽的，很有运动气质，在约翰·霍普金斯大学读书时是全美大学曲棍球队的运动员。她经常穿卡其色长裤、方头休闲鞋，佩戴镶有小珍珠的金耳环。这对耳环很少被摘下来，即便在她穿着生物危害防护太空服的时候。亨斯利还是一名水肺潜水员，喜欢去沉船和水下洞穴潜水。洞穴潜水不适合有幽闭恐惧症的人，而且这项运动的事故率很高。她说，她发现这能让人平静。

丽莎的父亲迈克尔·亨斯利博士在制药业工作。年轻时他骑马、击剑，但在学医的实习期间，经历了一件他称之为有趣的事件——大出血。由此他知道自己患有轻度血友病，一种只在男性身上发病的遗传病，但可以通过女性基因携带者遗传。这种病在亨斯利家族代代相传。许多患有血友病的男性在没有艾滋病病毒检测的年代接受了输血，并最终死于艾滋病。

丽莎八岁那年，艾滋病病毒刚刚开始被世人所了解。迈克尔·亨斯利在那段时间接受过输血，但他没有被感染。丽莎和父亲十分亲近。他会把女儿带到实验室，教她如何在皮氏培养皿中养细菌，还给了几瓶海水让女儿在显微镜下观察。她看到，一滴小小海水就是一个充满生命的生态系统。她告诉父母，自己想成为一名海洋生物学家，十二岁那年，她获得了潜水员证书。

高中时，丽莎·亨斯利是一名运动员，对学业感到厌倦，包括生物在内。后来她成为长曲棍球州冠军队的守门员，获得了一串校队字母①，并申请进入美国海军学院，想要当一名飞行员。然后，在最后一刻，她改变主意，去了约翰·霍普金斯大学，他们招募她去打长曲棍球。

在约翰·霍普金斯大学，亨斯利开始学习公共卫生课程。大三那年，迈克尔·亨斯利邀请她去旧金山参加一个关于艾滋病病毒的科学会议，这给了她很大的触动：如果你真的了解了病毒是如何出现的，就有可能在开始传播之前阻止它，比如艾滋病。她花了四年时间，以公共卫生硕士学位从约翰·霍普金斯大学毕业。

接下来，在北卡罗来纳大学教堂山分校，亨斯利用三年时间获得了流行病和微生物学博士学位，同时还有第二个公共卫生硕士学位。她在研究生阶段几乎没有社交生活，全身心地投入实验室中。她把病毒从一种宿主转移到另一种宿主，在人工条件下目睹了跨物种跳跃。

---

① varsity letters，是某个运动员在美国大学的校队中达到了一定成就后获得的奖项，会用特制毛毡贴片把所在学校的首字母缝在获奖者的制服上。——译者

她学会了病毒工程的标准操作——如何通过改变病毒的基因来改变毒株。

亨斯利的公寓位于教堂山的实验室对面，这样她可以把醒来后的几乎每一分钟都花在实验室，为了达到二十五岁生日之前拥有三个高级学位的目标。她睡得不多，睡觉时，经常重复做一个梦，主题集中在她的手上。梦里，她干活越来越快，试图完成一个实验，但双手却永远无法足够快……她落后了……资助金用完……生命太短暂……然后就会醒来。她会抓起一罐健怡可乐做早餐，跌跌撞撞地穿过街道冲进实验室，在那里工作一整天加半个晚上。

在 USAMRIID，丽莎·亨斯利开始做猿猴出血热病毒（SHF）的研究，它是三级病毒，目前对人类无害，但对猴子具有破坏性。有朝一日，它可能会作为人类疾病出现。她的社交生活已经开放，开始和马里兰贝塞斯达国家卫生研究所的一名病毒学家约会，但不怎么融洽。问题在于两人会因为病毒而吵架。科学界人士都是好胜的类型，他们总认为自己正确。她和她朋友之间任何有关病毒的讨论都会变成一场情绪化争吵。有一次，在他公寓里两人又争辩起关于某种病毒的一些小问题，他说："你搞错了。"她走到一个书架前，抽出一本教科书，打开其中证明自己是对的那一页。然后她把书放在厨房的桌子上，走了出去。亨斯利向自己承认，这在感情上也许并不高明。当他们分手时，她对自己发誓：不再找科学家了，他们让人头疼。

丽莎·亨斯利在研究所的部门主管是南希·杰克斯（Nancy Jaax）上校，一位经验丰富的病理学家，对埃博拉病毒有着强烈兴趣。而亨斯利对埃博拉的兴趣为零，从到那里的第一天起，她就明确表示："穿蓝套装的人是疯子。我不会为埃博拉穿上蓝套装的。你得是疯了才会这么做。"研究所里用的防护太空服是蓝色的。

亨斯利关于与埃博拉病毒打交道的人是疯子的玩笑话传到南希·

杰克斯耳朵里，引起了她的注意。事实上，大家会认为谨慎小心的人在四级实验室发生事故的可能性较小。任何人都不想看到一个搞研究的人在那些危险制剂面前狂妄自大。

一天，亨斯利走进了研究所二楼一间没有窗户的会议室，参加一次员工例会。因为资历较浅，她坐在长桌末端的位置上。和往常一样，会议沉闷地进行了一会儿，直到南希·杰克斯突然看向最后面的亨斯利，宣布说要给她换个任务。"我要你重新调整工作重点，丽莎，"杰克斯说道，"我们会让你接受蓝色防护服套装的训练，让你开始与扎伊尔埃博拉一起工作。"

丽莎·亨斯利从会议中走出来，感到头晕，有点站立不稳。她摇摇晃晃地回到自己的小房间，倒在一张椅子上。房间里很杂乱，堆满了文件。这里有一台电脑，一台立体声音响，还有她父母及其他家庭成员的照片。她想：他们要让我开始搞扎伊尔埃博拉？

埃博拉病毒带来的死亡发生在你出现症状的五到九天后，伴随着血液从身体各个孔口喷出以及血压骤降，这被军方的人称为血崩。在某些情况下，病毒会导致几乎完全失血——埃博拉大出血。亨斯利接受这项工作的话，他们每年付给她3.8万美元，但这值得吗？如果你感染了埃博拉病毒，那就完了。

父母是亨斯利在这个世界上最亲的人。母亲凯伦每周会打来三次电话，了解各种情况。丽莎告诉她，研究所的决策层已经把她的职业方向调整为埃博拉病毒。

"你要进入生物四级套间和埃博拉一起工作？难道他们就没别的事情可以让你做吗？"

丽莎试图把事情淡化。"哦，妈妈。我穿上太空服要安全得多。真的。"

"迈克！迈克！过来和你女儿谈谈。"

丽莎的父亲认为，这对女儿来说是个好机会。他俩决定让凯伦参观实验室，这样她就可以看到一切都很安全。

这次参观并不像他们所希望的那样成功。凯伦·亨斯利是一名经济学家，她对生物危害的隔绝设施没有感觉。她注意到一扇标有冲撞门字样的门。听起来不太妙，但这其实是一个安全功能。如果四级实验室发生火灾或其他紧急情况，你可以通过冲撞门冲出去，最后就会穿着太空服站在走廊里。（到目前为止，USAMRIID里的人未曾因这一目的使用过冲撞门。）真正困扰她的是，冲撞门的边缘用棕色胶带封住，整个门框都是这样。"为什么他们在那扇门上黏一圈胶带，丽莎？这里的门都是这样封的吗？只用胶带？"

丽莎向母亲解释说，高危套间处于空气负压状态，空气不断流入实验室，所以胶带实际上是为了防止灰尘和污染物进入并扰乱实验。

凯伦·亨斯利不喜欢上下贴着胶带的样子，这个问题先到此为止吧。然后，她发现了在防护太空服下，你只穿戴了绿色棉质外科手术服、乳胶外科手套和袜子而已。内衣在高危实验室里是被禁止的。凯伦为她的女儿感到屈辱。她想不明白为什么他们让女人不戴胸罩在实验室里工作。

USAMRIID一位名叫史蒂文·J. 哈特菲尔（Steven J. Hatfill）的老博士后训练亨斯利如何使用蓝色防护服。哈特菲尔是一位四十多岁的男子，身材魁梧、肌肉发达，留着胡子，拥有医学学位。他是一名平民医生，但有美国特种部队的背景。他向她展示了如何穿上套装，如何对其进行安全检查以防泄漏，如何正确维护，以及如何通过四级实验室的洗消淋浴气阀舱进出。史蒂文·哈特菲尔在所里人称"蓝套装牛仔"。他穿上了这套工作服就似乎无所畏惧，在四级实验室里野蛮生长。这家伙渴望冒险：他曾在非洲当过兵，在黑人叛乱分子试图推翻罗得西亚白人政府的那些年里，他曾在罗得西亚的白人特种空军中队 SAS 服役。后来，他在津巴布韦获得了医学学位，并在南极洲为一个南非科学家团队工作了一年半。哈特菲尔非常相信，生物恐怖事件很可能发生。他曾担任纽约市应急计划员的顾问，并在自己的车顶上贴了一条反光胶带，以便发生生物紧急事件时能被州警的直升机找到。

丽莎·亨斯利发现史蒂文·哈特菲尔讨人喜欢，有趣，是相当有个性的人。他很聪明，是顶级的实验室工作人员，也教了她一些技术。他正在研究感染埃博拉后猴子的血液凝固问题。血液会变得无法凝结，但他们需要在实验室里做到这一点才好进行研究，他告诉她如何操作。此人在四级实验室里集齐了各种各样的小工具——化验机，诸如此类。

在她的第一次训练课中，亨斯利看着哈特菲尔，注意到他缩在太空服里。工作服的一只手臂软塌塌挂着，就好像中风了似的。一开始，她不知道发生了什么：他是窒息了还是怎么地？然后她明白过来，哈特菲尔把胳膊从太空服袖子里拉了出来，正在吃一块糖果。

作为冉冉升起的一颗研究所新星，像丽莎·亨斯利这样的博士后如果感到厌烦，往往会很快离开。她被分配到彼得·耶林的小组。尽管耶林对天花和国家政策的参与越来越多，但他仍继续与汤姆·盖斯伯特密切联手，从事埃博拉病毒研究。他们不仅是科学上的合作者，而且成了朋友。所以亨斯利也要为在四级实验室中开展埃博拉病毒相关实验的盖斯伯特工作。她开始处理感染了埃博拉病毒的猴子血液样本，并自行开发出检验单个细胞内是否存在埃博拉病毒的测试——让受感染细胞在荧光显微镜下发出红色或绿色的光。你可以看到，埃博拉病毒如何入侵免疫系统中的细胞，并使了一些巧妙的手段，似乎是为了触发细胞因子风暴。她越来越了解埃博拉病毒是如何压垮人类免疫系统的。这是一项重要的工作，因为除非科学家能搞清楚埃博拉病毒如何致人于死命，否则可能永远找不到疫苗或治疗方法。

亨斯利发现，她喜欢独自一人穿着太空服在四级实验室工作时的那种平静感，没有人打扰，也没有其他东西，除了绿色的煤渣墙和培养皿中的埃博拉病毒。穿上这套衣服她觉得挺舒服的，即便房间里周遭尽是病毒。这就像水肺潜水。太空服是一个远离尘世喧嚣的庇护所。你可以做你的事情，不用被提问或打电话的人打断，你可以更深入地了解自然。

亨斯利要培养埃博拉病毒，它们生长在盛有液体细胞培养基的塑料井穴板①中。井穴底部有一床活的人类细胞“地毯”，在液体中泡着。（这些是海拉细胞，来自一位 1951 年在巴尔的摩去世的非裔美籍女性海里埃塔·拉克丝，她的宫颈癌细胞已成为医学研究的基石，并拯救了许多生命。）亨斯利用埃博拉病毒感染细胞板，几天后，病毒粒子开始从细胞中萌发。它们的形状像意大利面条，像头发一样从细胞中长出来。这些丝线断裂后在液体中漂走。病毒在井穴板中被扩增，几天后，液体就变成了病毒汤，里面充满了埃博拉病毒的颗粒。

亨斯利变得非常擅长制作扩增埃博拉汤。她用移液管将埃博拉汤的液滴从一个井穴移到另一个井穴，从一个小玻璃瓶移到另一个小玻璃瓶。她戴着厚厚的黄色橡胶手套握住移液管，用拇指按下上面的按钮，取出少量埃博拉汤，然后把它滴入小玻璃瓶中。

埃博拉汤呈淡红色，就像浸在水里的红宝石一样，晶莹剔透。一个装满埃博拉汤的井穴板里，含有高达 500 万个致命剂量的病毒——理论上，足够让纽约市一半的人崩溃和流血。然而，处理埃博拉汤并

---

① 塑料碟子，含有圆柱形井穴，可做反应器，也可用来盛装试剂。——译者

不比走在人来车往的街道上更危险。如果你从一辆公共汽车前走过，可能会被撞死，但小心谨慎的人会看好该往哪里走。亨斯利戴着耳塞，她只听到冷静、无菌的空气在太空服中发出遥远的轰鸣声，犹如在海滩上冲浪。

穿着工作服和埃博拉打交道的时间一久，亨斯利又开始做梦了。在她的埃博拉梦中，她会把埃博拉汤的液滴从一个井穴移到另一个井穴，从一个小瓶移到另一个小瓶，速度越来越快，她试图把实验做完，但时间却永远不够找出她想要搞清楚的关于病毒的问题。在梦里，她总是控制着埃博拉病毒，埃博拉从未反过来控制过她。

中间区的恐慌
2000 年 1 月 12 日

亨斯利穿着蓝色防护服套装，一个人在离研究所中心很近的 AA4 高危套间里干活。当时大约是下午 3 点。她围着埃博拉汤忙了好多小时，感觉不太好：她感冒了，身体隐隐作痛，好像还有点发烧。可能是感染了病毒，但实验正在进行中，她不能因为觉得不舒服就放弃实验。如果就这么回家，实验数据会受损。

她戴着和太空服配套的橡胶手套，拿着一把钝钝的儿童剪刀（四级实验室禁止使用锋利的剪刀），试图通过撬卡口突来打开一个瓶子。忽然，两个物体滑开了，剪刀尖端顶在右手手套的中指上。她感到指甲旁一阵刺痛。

她把太空服手套举到面罩前。刚刚发生了什么？她割破手套了吗？黄色的橡胶是湿的，把手套在灯光下转过来后，她无法判断上面是否有一个切口。

太空服手套里还戴着乳胶外科手套，以提供附加保护层。她扭动胳膊，把手从太空服的袖子里拉出来，向上伸回太空服内——就像哈特菲尔博士在太空服里吃点心时做的那样——然后在离眼睛几英寸的地方近距离检查乳胶手套。

橡胶是半透明的。在它下面，她看到血从手指中渗出，沿着指甲流动。橡胶下的一个红点在表皮上扩散。很痛。

据信，只要有一粒埃博拉病毒进入血液，就是致命的。

亨斯利突然感到一阵恐惧，然后有点慌。我最后一次用手碰到的是什么？我当时在做什么？剪刀碰到过什么？剪刀上有汤吗？恐惧让她脑子变得黏糊糊的，一片空白，想不起来自己用手干了什么，也没有人可以问。

她开始默默对着自己说：别慌，冷静下来。我把两层手套都弄出洞来了吗？还是只是把表皮弄破了？她把胳膊塞进太空服袖子，然后把手指伸进外手套里。

是时候出去了。

她打开消杀淋浴气阀舱的门，走进去关了门，锁上。她拉下淋浴链，一股化学药剂喷雾嘶嘶地喷到太空服上。做化学淋浴时，她意识到自己似乎确实发了低烧。哦，这可太好了，她想。我已经感觉不舒服了，现在他们要给我量体温，然后把我关起来。她绞尽脑汁想记起她用手干了什么。她的手套又滑又湿……被洗涤剂打湿了。有些洗涤剂能杀死埃博拉病毒粒子。因此，如果她的手套上有埃博拉病毒，也许已经被洗涤剂中和了。淋浴头停了，她打开出口的门，走到一个三级整备区，脱下了太空服。

整备区是一个中间区的房间——位于高危区和低危区之间。里面有很多设备，一面墙上有一排挂钩，放着属于所有在套间工作的科学家的蓝色防护服套装。一名实验室技术员琼·盖斯伯特正在里面忙着。盖斯伯特是一个苗条、文静的女人，深色波浪鬈发，深色眼睛，处事认真且睿智。她嫁给了亨斯利的老板汤姆·盖斯伯特。她是四级实验室工作的专家，有多年经验。亨斯利信任她，但她认为自己最好什么也别说。

这没什么大不了的，她告诉自己。她扯下手术手套，用消毒皂洗了手。

她需要知道她的内层乳胶手套上是否有一个洞。这是一个严肃的问题。如果有洞，而且手在流血，那么剪刀就可能划破了她的皮肤。剪刀的尖端可能被埃博拉病毒污染了。如果有一两粒埃博拉病毒进入她的血液，那么洗手是没用的。

琼·盖斯伯特正在摆弄什么东西，没有注意到她。

测试外科手套是否有洞的方法是把它放在水龙头下，像水气球一样注满水。如果有洞，就会有一缕水喷出来。亨斯利走到一个水槽前，把手套装满水，举起来看。什么都没有，没有漏水……但是当她挤压手套时，水滴从指套上的一个洞里渗了出来。

好吧，她在扎伊尔埃博拉面前割破了手指。

"嘿，琼，我想我搞砸了。"

"让我看看。"琼·盖斯伯特来到水槽边，检查她的手指和手套上的洞，同时亨斯利告诉她发生了什么。盖斯伯特带着惊恐的表情瞥了她一眼。

哦，我的天哪，亨斯利心想。

"穿好衣服，到 200 号病房报到。我会打电话给汤姆，让他到那里见你。"

200 号病房包含一个四级生物防护医院套间，被称作"牢房"。暴露于高危制剂的人可以在那里隔离生活数周，如果他们生病了，就将由穿着太空服的护士和医生来照料。

亨斯利洗了个淋浴，穿上便服，去 200 号病房报到。当她到达时，汤姆·盖斯伯特正在等她。他脸色发红，神情紧张。彼得·耶林也接到了传呼，从华盛顿的一个会议中脱身，正以最快的车速开回研究所。医生、陆军军官、护士、士兵和实验室技术人员蜂拥进病房，组成了一个事故调查小组，检查她手指上的伤口。他们想知道在割破手套之前，她的手在做什么。他们给她量体温，发现她发烧了。她解释说，想来这只是感冒。他们在她的手臂上扎针，抽了好多管血。她紧张得没法坐到检查台上，所以就靠在台边，然后她忍不住一直在房间里来回踱步。

汤姆·盖斯伯特把一个名叫约翰·内尔格斯的陆军少校拉到一边。"你能陪着她吗？"他说，"说说话，让她别老想着这个。"约翰·内尔格斯是一个高大和善的人，他很关心亨斯利，和她开起了玩笑，还跟她唠嗑。

与此同时，调查小组将她的乳胶手套带到另一个房间，研究那个洞。他们测量了洞和伤口位置之间的距离。也许并不是剪刀弄出了这个洞。他们在她听不见的地方开了个会。她在走廊里踱来踱去，内尔格斯少校陪在一旁。"要不要给你拿点苏打水什么的？"他问。

"好的，谢谢。"

她每次经过门道，都能看到"牢房"。那里有一张床，围了个生物隔离帐篷，床上躺着一个假人。USAMRIID 的士兵用这个假人来练习处理传染病患者。内尔格斯少校拿着一杯无糖百事可乐回来了。"没啥大事。"他说。她打开罐子，发现一名士兵走进"牢房"，拉开了生物隔离帐篷。

他拿起假人，把它扛在肩上往外走。

亨斯利转向少校。"没啥大事的话，他为什么要把假人带走？"

少校朝这个大兵走过去，轻拍他的后脑勺，咆哮了一声："你个白痴，她就站在那边。"他咆哮道。

在跟她做了两小时面谈，并研究了手套和她的手之后，事故调查人员得出结论，丽莎·亨斯利感染埃博拉病毒的可能性很低。手套被洗涤剂弄湿了，他们觉得这很可能已经杀死了任何病毒颗粒。她可以自由地回家休息了，不过，在接下来的三个星期里，需要每天向一名陆军医生报告两次状况。

她不确定母亲是否应该知道这件事。她走到"牢房"旁边的电话机前，打给父母在教堂山市的家中。不巧是她母亲接的电话。

"嗨，妈妈。我需要和爸爸谈谈科学问题。"

过了一会儿，父亲接过了电话，丽莎告诉他发生了什么事。

他花了很长时间让她平静下来。"我们不要告诉你妈妈。我每天都会给你打电话。"他很担心她，但他说道："我想你需要振作起来，回去那边，完成你的实验。"

"我知道。我知道，我会的。"

不然，她可能再也不会回去了。

6 点，在大多数人回家后，她回到 AA4 套间的更衣室，穿上外科手术服和太空服，面对通往生物安全四级实验室的铁门。只需要转动把手和拉开门，这并不困难。整备室里很安静，空无一人，只有她的呼吸声在开始起雾的面罩内回荡。透过护面板，她看到了铁门上红色尖头的生物危害标志。她吸了一口气，转动把手。

彼得·耶林回到研究所，去找丽莎·亨斯利。在她的小房间里没找着，所以他去了汤姆·盖斯伯特的办公室。"天哪，汤姆，她再也不会想回实验室了。她哭了吗？她在哪里？"

"她去 AA4 了，皮特。"

"你在开玩笑吧。"

门很重，慢慢地摇开。她把门闩在身后，穿过气阀舱，走进高危区。

在楼上盖斯伯特的办公室里，耶林说："你和琼介意跟她讲讲吗？"

"讲什么，皮特？"

"我开不了口跟她说。就是在埃博拉病毒的潜伏期内不要与任何人分享体液。"

一小时后，亨斯利从高危套间里出来了，发冷哆嗦着，感觉有点发烧，也许还有点颤抖，但她完成了实验。

琼和汤姆·盖斯伯特在低危区等着她。他们邀请她去一家墨西哥餐厅吃饭，给她买了晚餐和两杯啤酒。啤酒帮了大忙。汤姆和琼互相看了看，然后汤姆开口了："我想我应该跟你说一下，暂时不要和任何人分享体液。"

"哦？"

"说的就是这个。"

"你是说当我和一个男的接吻时，不要交换唾液？"

汤姆脸红了，琼大笑起来。

她当即向他们保证这不是问题。事实上，亨斯利当晚确实安排了约会，是和一个并不熟悉的男人第一次约会。最后，她打电话给他，问是否介意推迟约会，因为自己刚刚可能有埃博拉病毒暴露。

对方表示非常理解。

她驱车回到公寓，里面似乎很冷，于是她放了一个取暖器在祖母沙发旁的地板上，打开电源，躺在沙发上，用毯子把自己裹起来。她的猫艾迪也蜷在身旁。然后她开始给最亲密的朋友们打电话，跟他们聊到很晚。她睡了一会儿，从一大堆蓝色防护服套装的噩梦动荡中醒来，浑身滚烫，喉咙干裂，发烧了……我在哪？——艾迪还在那儿，在她身边呼呼大睡。

亨斯利继续她的埃博拉病毒研究，没有关注天花专家们关于天花病毒是该保留还是销毁的激烈争论。对她来说那玩意儿是过去的遗迹，一种70年代感的病毒，就像黛比·布恩的一张专辑。她对当前正在出现的病毒跨物种跳跃更感兴趣。

她还想到了生儿育女：一个人生节奏就好像在开快车的女科学家应该怎么做？她开始在一个联盟打排球，遇到了罗布·蒂尔，这个男人成了她的另一半。他是一名建筑商和总承包商，在弗雷德里克市周边工作——很聪明，但不是科学家。亨斯利叫了U-Haul的搬家车，带着祖母沙发搬到弗雷德里克市的一间公寓。她和蒂尔变得非常亲密。在穿了一天的蓝色防护服套装后回家，和一个正常人谈论正常的事情，是世界上最大的宽慰。

亚特兰大的一次实验失败
2000 年春季

在世卫组织委员会开启了一个为期三年的活天花研究窗口之后，彼得·耶林和约翰·哈金斯制订了一项计划，尝试用该病毒感染猴子。FDA 长期以来坚持，治疗人类疾病的新药获得使用许可之前必须在人体内进行过测试。对于天花这是不可能的。由于天花已经被根除，没有感染者，而且（法律上）你不能仅仅为了研究目的让人感染一种致命疾病。所以 FDA 在天花问题上陷入了困境，他们发布了一项新草案，即《动物疗效规则》（*Animal Efficacy Rule*）。该规则规定，对于诸如天花等外来威胁，如果新药或疫苗可以在两种不同的动物身上进行试验，而它们患有的疾病与人类疾病相似——换言之，如果有该疾病的动物模型——则新药或疫苗将可以获得批准。

彼得·耶林希望得到一个天花的动物模型，可以以此测试药物，并且会被 FDA 接受。由于 USAMRIID 没有天花，耶林便召集了一个研究小组，让他们飞往亚特兰大。他得到疾控中心官员的许可，让他的团队从藏匿处取出天花冷柜，拿到病毒并加热解冻，然后尝试用它来感染猴子。耶林还决定让猴子吸入空气中的天花来被感染，以模仿天花在人类中的传播方式。

USAMRIID 的科学家们做了一个便携式气溶胶室，称为猴柜。这是一个由塑料和钢制成的巨大装置，装有轮子，可以滚动。他们用卡车把猴柜运到亚特兰大，安装在疾控中心的高密闭实验室中，同时带去的还有一些猴子。耶林和哈金斯让猴子接触了大约 200 万人类感染剂量的天花病毒。随后耶林回到德特里克堡处理其他事务，约翰·哈金斯则留在亚特兰大，监测这些猴子。在它们吸入了足以摧毁一座城市的天花剂量后，过了几天，有些猴子胸口发红，其中几只还长出丘疹。又过了一两天，猴子们都康复了。

随着实验接近尾声，耶林开始感到绝望。他担心 D. A. 亨德森会认为这个实验是失败的，还会说"我早就告诉过你了"。这证实了此前被普遍接受的观点，即动物永远不可能成功感染人类天花。时间在流逝，从世卫组织做出延长销毁天花病毒最后期限的决定以来，已经过去了一年，耶林需要拿到至少看起来有点希望的数据，否则世卫组织可能不会允许他再做一次实验。

他需要找个人飞到亚特兰大，从猴子身上取点血，在那里快速做个检测。也许能给出一些东西。他问琼·盖斯伯特，但她在弗雷德里克读高中的儿子要毕业了，无论如何她都要去儿子那边。丽莎·亨斯利也许可以做这个检测，但她正忙于埃博拉病毒，显然不想掺和天花。不过他还是问了她。

"好的，我去，长官。"她说。

对此，耶林开始认真考虑起来。如果亨斯利去了亚特兰大，和天花打交道，又喜欢上了这个工作，会怎么样？如果疾控中心的人对她印象深刻，怎么办？他私下和汤姆·盖斯伯特说，担心疾控中心的人可能会试图挖走她。USAMRIID 和疾控中心曾经关系紧张。于是耶林告诉亨斯利，自己将一同去亚特兰大。

亨斯利一听就生气了，这时候她倾向于听听汤姆·盖斯伯特的建议，所以去了趟他的办公室，她问："他认为我在亚特兰大需要一个保姆吗？"盖斯伯特解释说，耶林是担心疾控中心挖墙脚。

2000 年 5 月初，耶林和亨斯利飞往亚特兰大，坐的是政府预算内的廉价航班"穿越航空"。他们挨在一起，亨斯利很不自在，一路不知道该说什么。到了疾控中心，两人穿上蓝色防护服套装，进入高密闭实验室。亨斯利一整天都在工作，从猴子身上采集血样，这些猴子曾吸入过 1 000 万人类感染剂量的天花，但看起来没事。

三天后，亨斯利带着她测试的原始数据回到了德特里克堡。一个月后，耶林飞往日内瓦，向正痘病毒特设委员会提交了结果。他辩解说，这些数据是"暗示性的"，这意味着实验遭到惨败。D. A. 亨德森主张不再让耶林他们用天花感染猴子，这根本行不通。耶林恳求再给他一次机会，委员会同意了——让他再试一年。

然后，不知从何而来的一项发现，把天花专家们都惊呆了。

核武痘

2000 年 9 月 2 日至 3 日

猴子模型实验失败后，过了几个月，2000 年 9 月初，一个炎热的星期六，彼得·耶林飞往法国蒙彼利埃市，参加第十三届国际痘病毒研讨会。举行地点为 Le Corum，这是一个位于市中心的现代化会议中心。此处挤满了来自世界各地的 600 多名痘病毒专家，许多人在大厅里成群乱转，不停地抽烟。周日下午，耶林在大厅里闲逛，科学家们在那里用海报的方式展示论文。

海报论文很像孩子们在学校里做的报告，通常是关于一个实验，不需要完整的演示。科学家会制作一张总结实验的海报，挂起来，自己站在一旁，回答别人的提问。

公告栏上挂着五六十张海报论文。耶林撞见了美国痘病毒专家理查德·莫耶，他是佛罗里达大学分子遗传学系的系主任。周围很吵，烟雾缭绕，两个人想说说话，就找了一张没有人看的海报，站到一侧，以免打扰站在另一侧的科学家本人。他们聊了些正在了解的东西。莫耶瞥了一眼海报。他停下了谈话。

海报上描述的实验，是堪培拉有害动物生物控制合作研究中心的一个澳大利亚政府研究团队做的。他们正在利用病毒，试图减少老鼠的数量。领导这项工作的科学家罗纳德·J.杰克逊就站在海报旁。杰克逊身材高大，圆形脸，深色短发，皮肤呈栗色。他是那种长相讨人喜欢的人，穿着黄色短袖衬衫和棕色裤子。

澳大利亚研究小组一直在研究与天花关系密切的鼠痘病毒。鼠痘无法感染人类使他们生病，但它对某些类型的老鼠却是致命的。该小组用一种经过基因工程改造的鼠痘病毒去感染老鼠，目的是使它们不育，却没想到这种改造鼠痘几乎把老鼠一扫而光。

实际上，这些老鼠对鼠痘有天然的抵抗力，其中一些还接种过疫苗。即便如此，改造病毒还是消灭了100％的自然抗性老鼠和60％的免疫老鼠。

澳大利亚科学家在天然鼠痘病毒中加入了一个外来基因，即老鼠IL-4基因，它会产生一种叫白细胞介素-4的蛋白质，这是一种细胞因子，在免疫系统中起信号作用。通过将老鼠基因插入天然鼠痘病毒，研究人员创造出了一种超致命的、抗疫苗的老鼠痘。

如果可以为老鼠制造一个能突破疫苗的痘病毒，那么大概率也可以为人造一个出来。

"我的上帝，彼得，你能相信这些蠢货干了些什么吗?"莫耶脱口而出。

耶林盯着海报。他马上就明白：澳大利亚人设计了一种可以打败疫苗的痘病毒，他们通过植入一个老鼠基因来实现这一点。一个老鼠基因进入鼠痘。这简直是儿戏。"我靠。"他说。

"这种病毒把这些免疫的动物撂倒了。"莫耶低声对耶林说，他盯着来自澳大利亚的老鼠研究者，后者正满脸期待地看着他们，就像一个还没顾客的推销员。但两个美国人渐渐走远了。"如果我是一个生物恐怖分子，彼得，我会把那篇文章撕下来带回家。"莫耶回头看了看那个澳大利亚人。"也许应该马上把它撕下来。它让我怀疑天花疫苗接种策略有没有用。"莫耶说。

耶林回到他的酒店房间，心中万马奔腾。在他看来，这张海报就像一张生物核弹的蓝图。参加会议的人当中有那些来自被怀疑秘密开发天花作为武器的国家，毫无疑问，他们完全有能力进行基因工程。这张海报可能会给他们提供如何制造抗疫苗天花的主意。他特别担心Vector的科学家。列夫·桑达赫基耶夫就一直叼着蓝色俄罗斯香烟在会议中心走来走去，吞吐着烟雾。

当时已是下午晚些时分，他们有一趟巴士观景旅行，要前往加尔水道桥，这是一条横跨尼姆附近峡谷的渡槽，修建于古罗马帝国时期。耶林下楼找到莫耶。他们一起上了车，坐下。然后，莫耶发现罗恩（罗纳德）·杰克逊独自坐在巴士车尾附近。"待会儿见。"莫耶同耶林说了一声，就匆匆走下过道，坐到杰克逊旁边的位置上。

"你们那篇论文是会议上最好的论文之一。"他说，试着挑起对话。

巴士蜿蜒穿过朗格多克美丽的地形，穿过橄榄林和石灰岩悬崖。莫耶发现杰克逊是个"友善的家伙，有点害羞，是个好科学家"。他们聊到了工程痘究竟是如何消灭免疫老鼠的。莫耶对痘病毒到底是怎样引发免疫系统风暴并打败疫苗的过程非常感兴趣。"罗恩·杰克逊和他的团队知道自己做了什么，"他后来说，"任何在这一领域工作的人，除非绝对弱智，才会看不到它对天花疫苗的影响。他们是专业人士，当然看到了这一点。他们为公布自己的实验而内心煎熬。但我仍然不敢相信他们公布了这个实验。"一种具有疫苗抗性的天花，是每个人最糟糕的噩梦成真。我们可能不得不尝试用 1796 年发明的疫苗来对抗一种基因工程病毒。

　　这些澳大利亚研究人员为政府工作，他们曾询问官员接下去应该怎么做。信息通过互联网传播得很快。即使他们没有公布，实验内容也会泄露出去。将 IL－4 基因植入痘病毒是如此简单的工作，一个研究生或暑期实习生或许就能做。病毒工程已经变得标准化，你可以通过邮件订购一些工具包来完成。改变病毒的基因一直在变得更加容易，而痘病毒是最容易在实验室里进行基因工程改造的病毒。

　　罗恩·杰克逊和他的同事——主要是完成了病毒构建技术工作的分子生物学家伊恩·拉姆肖——与天花的主要消除者之一、澳大利亚痘病毒学家弗兰克·芬纳（Frank Fenner）讨论了这个问题。芬纳曾对鼠痘病毒做过一些早期的重要研究，他是大红书《天花及其根除》的主要作者。芬纳建议他们公布。他认为有理由相信 IL－4 天花痘（拼接了人类 IL－4 基因的天花痘）可能不会像 IL－4 鼠痘在老鼠身上那样发挥作用。此外，他觉得，如果经过设计的天花病毒确实可以在接种过疫苗的人群当中传播，那么作为一种生物武器是没啥用的，因为它将过快地杀死太多的人，因此无法很好地传播，而且可能会杀死自己的制造者。芬纳还认为，一个恐怖组织或一个国家需要在人体中测试工程天花，以确定是否有效，这是难点所在。

至于杰克逊和拉姆肖，他们公布成果的一个动机似乎只是提醒世界，病毒武器的基因工程是相当可能的。他们想警告生物学家们不要再假装这个问题不存在，而是开始讨论和应对它。

杰克逊和拉姆肖的论文发表在 2001 年 2 月的《病毒学期刊》（*Journal of Virology*）上，小范围内引起了公众和媒体的关注。就在那时，通过基因工程制作可能具有疫苗抗性的超级鼠痘的技术通过互联网传遍了全世界。

杰克逊-拉姆肖实验在美国情报界引起了不安，中情局的生物学家们显然意识到这篇论文有多严重，因为它指出了政府疫苗储备计划的脆弱性。国家安全委员会对这篇论文进行了讨论，一名成员认为，澳大利亚科学家是出于科学成就感而故意公布他们的实验。这是对澳大利亚科学家不合理的激愤看法，但它反映了情报界对病毒武器基因工程可能性的焦虑。

在接受了几次记者采访之后，杰克逊和他的团队决定让其他人来为他们发言。澳大利亚政府科学家安娜贝尔·邓肯博士辩论道，研究人员没有做错什么，出乎意料的发现是科学的正常组成部分。"我收到了一些来自美国的极端电子邮件，"她说，"但不发表这篇论文才是愚蠢和危险的，因为那样的话，我们会被怀疑之前就在做坏事。"她坚称，研究团队对这一结果感到惊讶，他们从未想过接种了疫苗的老鼠会死亡，而这似乎是事实。从本质上来讲，杰克逊-拉姆肖小组在实验室里研究一种工程病毒时发生了意外，他们选择告诉全世界发生了什么。

一个月后，美国的疾控中心官员允许 USAMRIID 做第二次尝试，看看他们是否能造出一个天花的猴子模型。彼得·耶林让丽莎·亨斯利负责这项实验。

一点家庭争论
2001 年 5 月 29 日

晚上 8 点，彼得·耶林在起居室里收拾一个破旧的手提箱。太阳已经落山，但鸟儿还在歌唱，天空中春色微明。他必须赶上去往亚特兰大的航班。耶林家的主卧很小，达里娅告诉丈夫让他别在里头打包。"天知道你那个行李箱去过哪里，就跟西伯利亚一样。你拖着它在狗道上走，我可不想这玩意儿搁在我们床上。"

于是他把行李箱放在电视机前的地毯上收拾，电视开着，虽然没人看。达里娅正从孩子们的房间里收衣物，提着一个塑料洗衣篮在屋子里快步走来走去。他们五岁的女儿基拉穿着兔子装在沙发上打滚，用蜡笔在一张纸上画画。

达里娅拿着洗衣篮，停下了一会儿。"彼得，你这次要去多长时间？"她是一个随性的人，想到什么说什么。她在当地一所高中教英语，讲莎士比亚、T. S. 艾略特和意象派诗人。

"这取决于情况进展。"他回答道，放了一件 T 恤和一条短裤进去。

"我以为你不再进入太空服实验室了。难道没有人可以为你做这些工作吗？"

他在箱子里加了一件浅蓝聚酯运动外套。"老实说，我是唯一有热情搞定这一切的人。"

达里娅把要洗的衣服拿到楼下，启动了洗衣机。彼得接种过炭疽疫苗和天花疫苗，但她和孩子们都没有。她曾告诉她姐姐，真希望他们身上都有一些彼得的血。她回到了楼上。

基拉跳下沙发，拿着报纸跑到她父亲跟前。"爸爸，我需要一个剪贴板。"

他走进他的办公间，拿了一个剪贴板。她在上面挂了一张画，给他看。

"嘿，画得真好，基拉。"

"去刷牙吧，宝贝。"达里娅对基拉说。基拉匆匆地向着卫生间走开了。

"我会想她的。"

"你都见不到她。通常要等她上床睡觉后你才下班。"

"我只能说，研究出天花对策非常非常重要。我们都知道这个世界上，疯子是存在的。"

他们之间的很多交流都无需语言。她给了他一个不耐烦、恼怒和挖苦混在一起的微笑，这个表情的意思双方都很清楚：你活在彼得的世界里。

他为基拉掖好被子，又为她读了一个故事，然后在午夜时分抵达亚特兰大。

四级实验室中的混乱
2001 年 5 月 30 日（倒数第一天）

猴子模型研究小组住在郊区的一家酒店，离疾控中心不远。天刚亮，他们就在酒店的咖啡馆里喝咖啡，吃百吉饼、炒蛋和水果。这个团队由彼得·耶林、约翰·哈金斯、丽莎·亨斯利和一位陆军兽医病理学家马克·马丁内斯中校组成。还有一名动物管理员詹姆斯·斯托克曼和两名兽医技师，约书亚·尚布林和拉斐尔·赫雷拉中士。而另一个独立的科学小组，由一位名叫路易斯·皮特的生物学家来领导，专门负责管理猴柜。这是一个大生物学项目，庞大而复杂。房间里每个人都绷得紧紧的。

丽莎·亨斯利不是个惯于早起的人，也从来不吃早餐。她买了一罐健怡可乐，同赫雷拉中士一起开着租来的车去了疾控中心。那是一个凉爽宜人的早晨，阳光透过矮栗树和火炬松点点闪烁，空气中弥漫着佐治亚州的夏日气息。他们驶下一个山坳，又驶上一个山头，拐进疾控中心园区，向保安出示了他们的身份徽章，上面写着"客座研究员"。

他们走过一道安全门，穿过一个开放区域，经过另一个安全检查站，然后来到高密闭实验室。它是一幢六层建筑，但看起来并不大；嵌在一个小山坡上，其中三层部分位于地下。它与一个更大的建筑相连，后者被称为 15 号楼。高密闭实验室有一排发紫的烟色玻璃窗，使得这座楼看起来像一个水族馆。周围有电视摄像头和武装警卫。天花病毒冷柜已经从平常的贮藏处被移走，安全人员用一台实时摄像机监视着高危区内的冷柜。

疾控中心的官员之前决定，军方人员可以在地下一层的走廊里工作。这些人觉得他们受到了一些捉弄，因为很明显，不是中心的每一个人都乐意让他们呆在那里摆弄天花的。作为一个机构，疾控中心自傲于在根除天花方面所发挥的领导作用，而且上下有一种暗涌的共识，那就是解冻天花病毒并拿来做实验是不对的。

军方的工作区由走廊上一字排开的三张小桌子组成，通过地下室的窗户提供照明，往外看去正对着停在外面的汽车车轮。亨斯利在一张桌子前坐下，从包里拿出健怡可乐，砰一声打开，啜了一口。

其他人也到了，但没有足够的桌子，所以他们站着，用一次性泡沫塑料杯喝咖啡。动物管理员要先进去喂猴子。亨斯利等了一会儿，然后上了三层楼，通过另一个安全检查点，来到一个入口，门内就是天花。高密闭实验室被分成两个独立的高危区，东区和西区。她推开一扇小门进入西区，进入一个小更衣室，在那里她脱除衣物。

她的左上臂有一个圆形疤痕，那是刚刚接种过天花疫苗的部位。她从架子上取下一件绿色棉质连体手术长袍，扣上前面的扣子。长袍的织物很容易褪色和撕破：已经多次进入过高压灭菌器。另一个架子上放着消过毒的运动袜，脆且发黄。她翻找了一下，找到一双看起来不那么脆的袜子。光着脚，拿着袜子，她穿过一个湿漉漉的淋浴间，打开了一扇门，它通往一个贮藏室。她继续穿过贮藏室，推开一扇门，进入太空服实验室。

这是一个生物安全三级的房间，靠近高危区一边，钩子上满满挂着蓝色太空服。每件都标有主人的名字。大多数太空服属于疾控中心的科学家们。它们看起来被用得挺狠，其中一些在坐的部位贴着黑色胶条。（臀部区域因坐着摩擦，很容易出现破洞。）

她的太空服是全新的，那种新太空服的味道真的很讨人喜欢。她啪的一声套上手术手套，用胶带把手腕绑在手术服袖子上，带着太空服回到贮藏室，坐在一个箱子上，把腿伸进太空服。她站了起来，把面罩拉下来套到头上，合上前封口，它啪地自动扣上了。她选了一个空气调节器——一个带肩带的钢罐。她把它挂在肩上，然后将调节器插入太空服。

在房间内侧有一扇不锈钢门，上面有红色的生物危险标志。她趿着鞋走进密闭式消毒淋浴间，关上外门，打开内门，步入高危区。她来到一个地板上放着套鞋的小房间——换鞋室，穿上了一双看起来尺寸差不多的鞋。套鞋是为了保护太空服的脚部不会破洞。然后她推开一扇旋转门进入高密闭实验室西区的主间。

主房间有约 12 米长，呈 L 形。墙壁上贴着明亮的白瓷砖，光线很足。红色空气软管从天花板上盘旋着悬垂而下。一排冷柜沿一面墙摆放，其中一个就是存放天花的。亨斯利开始在房间里走动。在生物安全四级实验室里你并不完全是在走，而是跛着走。她推开一扇门，进入一个实验间。这将是她本次实验期间的工作场所。她踮起脚尖，拉下一根空气软管，插到自己的调节器上。一阵轰鸣，太空服被加压了，干燥、凉爽的空气吹过脸庞。她花了一上午时间来设置测试套件，为唤醒天花病毒做好准备。

在主房间远端有一扇厚重的钢门，门的另一边是动物房，现在里面挤满了穿着太空服的人。房间里有四排猴笼。猴子们很安静，不怎么出声，因为它们在四级实验室生活了几个星期，对围在身边的太空服人见怪不怪。每一排笼子上都覆盖着塑料帐篷，以防有猴子得了天花的情况下，病毒从一排扩散到另一排。笼子里一共有八只猴子，它们是来自东南亚的食蟹猕猴，有着灰褐色的毛发，尖尖的耳朵和锋利的犬牙。动物管理员斯托克曼给它们喂了一顿猴子饼干作为早餐。它们吃了一些饼干，剩下的扔得满房间都是。斯托克曼收拾了烂摊子。所有笼子上都用了铜挂锁——食蟹猕猴能弄开任何一把插销。

兽医病理学家马丁内斯也在猴房里，正在准备东西。马丁内斯四十多岁，讲话温和，棕色眼睛，戴着金属丝框眼镜。几年前，他加入佐治亚州本宁堡的陆军空降学校。有一天在基地周边晃荡时，他发现了一个野草丛生的狗墓地，里面有铜牌和石板。每个上面都显示了一条狗的名字，以及它的出生日期和死亡日期。它们在越战中阵亡，后来被运回家、埋葬，然后被遗忘。马丁内斯想，曾经有多少狗狗死于当时的战斗啊，也许为了保护自己的人类同伴，所以他找人来修整墓地，并清洗了墓碑。他觉得，这些狗狗是为国捐躯。

丽莎·亨斯利站在一个工作台前，摆放她的设备。她低头看着自己的双手时，注意到右边的外手套手腕上有一条裂缝。这只手套已经烂了。

对烂手套她只有零容忍。是时候出去了。

她拿起一瓶来苏消毒剂，喷洒了手套，然后向出口走去，脱下套鞋，步入消毒淋浴间，拉了一下把手。

一股水柱喷出，来苏消毒剂落在她身上。七分钟后，她转了转一个手柄，准备关上淋浴器。关不上，它被卡住了，淋喷头还在洒着来苏水。

"哦，糟了。"她回到高危区，拍了拍兽医技术员乔什·沙姆布林的肩膀，并指向气闸。"它在喷水。停不下来了。"她不得不大声喊叫，因为他俩都在轰隆隆的工作服里戴着耳塞。这种时候，懂唇语的话会比较有用。

他对她说："去找吉姆。"

吉姆·斯托克曼以前在高密闭实验室西区工作过，知道怎么修消毒淋浴器。他爬进气闸室，开始在水花里四处敲打，试图修复机器。

彼得·耶林和约翰·哈金斯一起来到中间区，他们透过气闸室的窗盯着斯托克曼。"你到底在干什么？"耶林问。

"把它修好。"

突然，主房间地漏开始往外冒恶心的黄色泡沫。那是脏来苏水，从废水管中溢出。

拉斐尔·赫雷拉穿着太空服笨手笨脚地跑出工作室，大喊道："我们这儿发大水了！"

亨斯利走到淋浴房窗前，开始敲打玻璃。"吉姆！吉姆！当心！"马克·马丁内斯和其他人现在正围着主房间团团转，他们的声音听起来模糊且微弱，因为大家都在防护服里对着别人嘶吼。他们中的一个人拿起墙上的电话听筒，给疾控中心的四级实验室清洁管理员打电话。"我们这里被来苏水淹了！水管正在倒灌！"

猴子们可能会觉得这很刺激。

淋喷头终于停了下来。斯托克曼打开气闸室的门，更多来苏水涌进了主房间。他们找了一个西尔斯百货买来的真空吸尘器，在高危区周围吸着水。

这是无比漫长的一天。等到小组成员们驱车返回酒店后，大多数人直接就上床睡觉了。亨斯利则等到足够晚，能跟罗布·蒂尔打上电话。她告诉他一切都很好，除了实验室被水淹了。他一直在跟一个造房子的项目，接近尾声了，正计划把生意转向家具制造。这是一次简短的通话。

唤 醒

2001 年 5 月 31 日（第零天）

次日早上 8 点，约翰·哈金斯穿着蓝色防护服套装穿过高密闭实验室西区的主房间，去某个地方取回了天花冷柜钥匙。哈金斯是一个冷静、审慎的人，身材矮胖，尖鼻子，戴着副玳瑁眼镜，深色鬈发，鬓角有一抹灰。他走到一排款式各异的冷柜前，它们都靠墙排成一排。有卧式大冷柜，也有看起来像厨房冰箱的冷柜，还有几个不锈钢制的圆柱形罐子，下面安着轮子，它们是液氮冷柜。这些冷柜都有数字屏，显示着温度和状态。

这些液氮冷柜簇新闪亮，看起来有点像核反应堆容器。每个底部都有一个浅浅的液氮池。其中之一装有天花。

冷柜们用巨大的钢链拴在墙上。哈金斯踮着脚走到天花冷柜前，将钥匙插入某种锁中，一个警报器被解除，锁开了。天花冷柜旁边的墙上，有个红色紧急按钮。当研究人员穿着太空服在边上转悠时，他们总是担心自己会不小心撞到按钮，引来武装人员。

哈金斯在他的太空服右手手套上围了一个毛圈布手套，然后掀开冷柜连着铰链的圆盖，把它一直往上推，接着往后推，哐当一声打开。一阵嗖嗖声响起，一团白色氮蒸气从冷柜顶部滚滚冒出，又从侧面倾泻而下，往地板上散开，绕着他的腿跑。迷蒙模糊中，他几乎看不到冷柜里面的白色纸板盒。在冷柜底部的液氮池沸腾并吐出一大团雾气之前，他大约有三分钟时间来取出想要的瓶子。盒子一个接一个地堆放在钢架上。

什么也看不见。他把手伸进雾气中，开始四处摸索。他数着盒子的位数，从架子上滑出其中一个。雾气仍有一点挡着视线，他揭开了盒盖。盒子内部被划分成一个网格，他用指尖摸着横向数了几列，然后又向下数了几行，从网格中取出五个小瓶。他把小瓶塞进一个塑料架，哐当一声放下冷柜的盖子，把它锁上。

小瓶里装着天花种子。每粒种子都是一块冰冻的扩增天花汤，约铅笔头大小。他一只手拿着种子架，把钥匙放回了它的存放处。然后带着种子到另一个房间，把它们置入一个装满水的水箱，里面水温保持在 37 摄氏度，即血液的温度。

在约翰·哈金斯给天花升温时，气闸门打开，彼得·耶林步入了高危区。他穿着一套三角洲防护公司出品的太空服——不是蓝的，而是一种法国设计的荧光橙，在其他科学家眼里这很时髦，可以说是四级实验室的法国时装了。

耶林慢吞吞地走到哈金斯跟前："怎么样了？"

"五分钟后就好。"

耶林的心在狂跳。他想这就是美国宇航局发射的感觉。显然，如果他们失败了，世卫组织将不再允许进行任何天花动物实验。在可预见的未来，这样的结果会延缓天花新药的开发。

他离开了哈金斯和天花，走到大厅去看亨斯利在她的实验室里做什么。耶林喊道："你的试管都贴上标签了吗，丽莎？都按正确的顺序排好了吗？等约翰把天花拿出来的时候，你要做好准备马上开始。"

"没有，我想我会等到最后一分钟。"她对他微微一笑。

他并不觉得她的回答有什么好笑。"你要尽量少碰运气，丽莎。"

"嗯哼。好的，长官。"饶了我吧，耶林博士，她心想。

哈金斯从水中取出种子瓶。这些种子已经融化成粉红色的乳状液体，带着淡淡乳光，仿佛珍珠母。这就和出现在天花患者脓液中的乳光一样。他把小瓶拿到灯光下，轻轻地倾斜，凝视着天花，看它是否完全融化了。

毒株被称为"哈珀"，1951 年收集自一名感染的美国士兵，他的名字可能就叫哈珀。后来不知道什么原因，它成了日本的国家天花标本，交由根除行动的主要领军人物之一有田勋博士掌控。在根除完成后，哈珀被送到美国疾控中心。研究人员认为这是一个非常危险的毒株。

约翰·哈金斯打开小瓶，用移液管吸出其中的哈珀，将这些液体滴入四个注射器中。在灌装注射器时，他手心出汗，感觉紧张。每个注射器里装入了 10 亿粒子，也许含有 3 亿个天花病毒，足以让整个北美洲都完蛋。它极其危险，让他心跳加速。哈金斯之前处理过扩增的天花种子——事实上，过去几天，他就在高密闭实验室的病毒培养物中培养这些种子——但无论处理过多少次天花种子，他都无法对此感觉平静。你可以感觉到这些注射器中的爆炸力和传染力。他接种过很多次疫苗，但从这些装满扩增哈珀病毒的注射器里轻轻推出一下，就可能轻而易举地击穿他的接种防护。

装完四支注射器后，他又灌了另外四瓶哈珀种子液，然后把小瓶和注射器放在一个托盘上，带去动物房。他慢慢走着，盯着下脚的地方，扶着托盘的样子就好像上面有一颗原子弹。

猴房里挤满了身穿蓝色防护套装的军方科学家和技术人员，等着哈珀到来。他们身上连着从天花板盘绕而下的空气软管。猴子们发出各种声音，在房间里此起彼伏。第一排左上角的笼子里，一只大型雄性食蟹猕猴，代号C099，正在观察这些人。他是一只警觉的动物，比其他同伴更冷静，更有好奇心。

斯托克曼和马丁内斯已经留意到这只猴子。凭着多年与动物打交道的经验，他们清楚它们之间不同的"性格"。猴子C099口鼻苍白，皮肤粉白，没有面部毛发，以上特征对食蟹猕猴来说并不常见。这使他比其他猴子看起来更像人。他是领导型的，对自己更自信，而且是这群猴子中体格最大的雄性之一，有大而锋利的犬齿。他不是一只好惹的猴子。

斯托克曼松开了猴子C099笼子上的一些插销，将一块挤压板向前拉，这样就能把C099推到笼子的前部来。他动作缓慢，非常轻柔，尽量不惹猴子生气。当猴子被挤到相应位置时，乔什·沙姆布林用注射器在他大腿上注射了一针麻醉剂——特拉唑尔。

他们等了几分钟。猴子C099安静下来，几乎睡着了。然后，沙姆布林打开铜挂锁，手伸到猴子胳膊下将其抬出。他把猴子抱在胸前，跤着脚穿过房间。

与此同时，哈金斯给负责管理猴柜的路易斯·皮特几瓶天花。她把瓶里的液体放进一个装置，让它在气溶胶柜内形成一团薄雾。沙姆布林把猴子交给皮特，她把他放到房间里的一张桌子上，仰面躺着。

然后皮特竖起大拇指，让她的一名团队成员开启鼓风机。哈珀天花被吹到猴子头部周围的空气中，1亿个哈珀粒子被吸了进去。猴子打了个哈欠，露出犬齿。他被麻醉剂弄得神志不清。

还有大量天花会直接进入猴子的血液。沙姆布林取出一根静脉注射针，插入猴子大腿上的静脉。他接了根管子上去，拿起一个装满哈珀的注射器，打开针帽，非常小心地把注射器插进管子。他给猴子注射了大约 10 亿个哈珀天花的传染性颗粒。停止。乔什·沙姆布林扫了一眼四周，吸引大家的目光，以确保整个房间都注意到他这边。防护套装里空气的轰鸣声太大，没法说话。他要让每个人都知道，自己即将从动物体内拔出受污染的针头。

每个人都停下手头的事情，站住不动，有几个人后退了一步。当确定整个房间可控之后，沙姆布林从猴子大腿上拔出了针头。钢管闪闪发光，沾满猴血，房间里的每只人类眼睛都看着它。这也许是天花病毒与人类纠缠史上最肮脏的针头。他没有盖上针帽——他不打算让自己的手指靠近那个血淋淋的尖端——而是走了两步，穿过房间，把它扔进一个生物危险品容器。这个装废弃物的容器会在高密闭实验室内的高压灭菌器中沸腾，只有消毒后，它们才会被移出四级实验室。

然后，他们把这只昏昏欲睡、脸色苍白的大猴子抬回了笼子，又在另外三只猴子身上重复了三次这一过程。

第二天，他们又给另外四只猴子接种了一种不同的天花毒株，即邓贝尔 7124 型，通常被称为印度毒株。它是 1964 年由一位名叫基思·邓贝尔的英国天花研究人员在印度南部的韦洛尔收集到的。三年后，在印度的博帕尔，苏联科学家收集到被称为印度 1 号的毒株，并把它作为战略武器毒株。苏联政府拒绝与任何人分享印度 1 号，但耶林和他的团队认为，印度毒株可能与俄罗斯的印度 1 号毒株类似。他们认为，这是在俄罗斯以外能获得的最危险的天花。

这次试验和他们前几次没有成功感染猴子的试验有所不同。当时使用的剂量较低，而且只是通过空气将病毒传给猴子。这一次，他们还将病毒注入猴子的血液中，并使用了更高剂量。耶林认为，如果

10 亿粒天花病毒都不会让猴子生病，那么自然界就是在告诉我们，天花病毒不会感染除人类以外的任何物种。

他们将这些猴子置于密切观察中，想知道会发生什么。哈珀毒株和印度毒株可能开始在猴子身上繁殖，也可能不会。如果猴子生病了，没有人知道这种病会是什么样子。我们难以预料，天花会做什么。

恶魔之眼

倒　下
2001 年 6 月 2 日

在疾控中心给猴子接种完两个天花毒株后，彼得·耶林和约翰·哈金斯飞回了马里兰州。他们让丽莎·亨斯利负责实验，由马克·马丁内斯协助。吉姆·斯托克曼和乔什·沙姆布林提供支持。团队成员们很快形成了一套例行惯例，早上 7 点到达疾控中心，通过安检登记。斯托克曼和沙姆布林会马上穿上蓝色防护服套装，进入高密闭实验室西区。猴子们每天晚上都会把用纸团组成的"床垫"扔出笼子，弄得满实验室都是，乐此不疲。斯托克曼会清理这些纸团，打扫笼子，给猴子们吃饼干，沙姆布林帮着他一起，此外还要为某些动物的血液测试准备东西。在地下室的走廊里，亨斯利和马丁内斯带着笔记本电脑坐在办公桌前，一边查阅电子邮件，一边喝咖啡和可乐。

亨斯利越来越清楚地意识到，彼得·耶林耍了个花招。她现在看明白了，他本就打算让她负责这个实验，但没有直说。这很有趣——耶林博士担心如果自己提出要求，会遭到拒绝。事实上，她渴望回去继续研究埃博拉。在亚特兰大她感到孤独，很想念罗布·蒂尔，不过，当自己还在一个大型科学项目中苦苦挣扎时，她倾向于把他放到生活的另一个隔间去。进入四级天花实验室，有点像一名宇航员进入轨道呆上几个月。你步入气闸室，世界就远去了，你需要全神贯注于手头的工作，日复一日地与呼吸设备一起生活，时时刻刻都当心自己的双手。

每天早上，她都是最后一个进入高密闭实验室西区的人，她总是去检查动物。它们中有八只曾暴露给天花，但却没有任何表观的疾病迹象。

猴子C099似乎比其他猴子更温和。科学家们都喜欢喂他吃东西——软糖、棉花糖、爆米花。这对猴子来说挺好，对实验也不会有啥影响。斯托克曼会拿着一束棉花糖，走到一个笼子前，这时只见一只手以眼睛来不及捕捉的速度从笼子里伸出，棉花糖就消失在猴子的嘴里。然后那只手会再次从笼子里伸出，表示还想要。

每天，科学家们都会给一些猴子注射麻醉剂，之后把它们带到隔壁房间的桌子上做检查。沙姆布林会抽取血样，马丁内斯把一系列静脉采血管装满，然后交给亨斯利。她把这些试管贴上标签，带到自己的实验室，对这些血液做几十项测试，寻找其中的任何变化。

实验第二天，亨斯利就在猴子血液中检测到了天花DNA。之前是没有的，这意味着病毒几乎肯定在猴子体内生长了。

亨斯利每晚都回到她在酒店的房间，如果有时间就到附近公园慢跑，或者和团队其他成员坐在游泳池边，喝啤酒，放松，还会一起出去吃比萨。当手上有四级实验室项目时，她就不沾酒。通常，她会在小厨房里热一顿"健康之选"晚餐，在沙发上摊开文件和笔记本电脑，处理埃博拉项目数据，有时一直到深夜。当她空闲下来，会给罗布·蒂尔打电话，或者和父母聊天。她和蒂尔正在考虑是否结婚。他们同居有一段时间了，亨斯利感到一种对家庭生活的渴望。她快奔三了，希望有一天能生个孩子。她那已为人母的姐姐和孩子在一起是那么开心、充实。亨斯利在 USAMRIID 办公桌上还放着小外甥女的照片。

2001 年 6 月 4 日，暴露于哈珀毒株的四只猴子到了第四天，暴露于印度毒株的猴子则是第三天。丽莎·亨斯利和马克·马丁内斯一大早就到了，他们把笔记本电脑放在地下室的桌子上，开始交替用一个电话插孔来发电子邮件。吉姆·斯托克曼穿上蓝色防护套装，进去照顾猴子。离 8 点还有几分钟，走廊上的电话响了，亨斯利接起来。是斯托克曼从高密闭实验室西区打过来的。

他隔着面罩喊道："我们这儿有两只猴子死了！另一只也快不行了！"

她觉得斯托克曼是在开玩笑，脱口而出道："哦，是吗，这样子啊。"但随即就反应过来，斯托克曼是一个非常严肃的人，她的心开始怦怦直跳，能感觉到大量肾上腺素涌上来。有猴子倒下了。

马丁内斯跳了起来，开始快速行动。他想从死猴身上收集临床样本，赶紧穿上了太空服。他一离开更衣室，亨斯利就跟着进去了。

马丁内斯走进猴房，透过塑料帐篷向笼子里看去。有两只死猴，蜷缩着身子，皮肤上布满了星状红斑。他心想，哦，我的上帝。猴子身上有斑点——他可以看到它们脸上到处都是微小的针尖状出血点，在眼睑、腹部和大腿内侧，出血点尤其密集。这是一种扁平皮疹，没有脓疱。这些动物得了扁平出血性天花。上帝啊，很血腥。

两只死亡的猴子都来自印度毒株组。此前世界上从来没有哪种动物被任何天花毒株所杀死。这是第一次有人看到天花病毒在人类以外的物种体内产生致命的扩增。

马丁内斯有些不知所措，但又非常想知道印度毒株对猴子们做了什么，他找来一根杆子，轻轻碰了碰这些死猴子，想确定它们是否真的死了。如果尚未完全死亡，得了印度天花并长有犬齿的猴子会极其危险。而杆子的触碰显示，这些猴子确实死了。其中一只被命名为C171的较小雄猴，已是尸僵状态。

马丁内斯是团队里的病理学家。他想尽快为它们做尸检，看看体内的组织。他检查了这些死去动物的眼睛，看起来很正常，没有充血迹象，就像人类得了出血性天花一样。他选定了较重的雄性猴子C115，把它抱进尸检室，放在一张金属桌上，然后准备好工具，关上了身后的门。使用动物的相关法规禁止在同物种伙伴的视线范围内对一只动物进行尸检或外科手术。

丽莎·亨斯利没有停下来观察其他猴子的情况，就直接去了尸检室，她迫不及待了。

当她到达时，马丁内斯已经开始解剖。猴子在桌子上被打开，它的腹腔很宽，布满离散性出血——与人类出血性天花的情况一样。内脏器官尤其是肠道里到处是出血点。

马丁内斯沿着金属桌边缘摆了一排塑料桶，他开始往里面装猴子的器官样本，动作非常快。

亨斯利的心怦怦直跳。猴子笼旁边的墙上挂着一个应急电话。她给耶林打了过去，正好赶上他回到 USAMRIID 的办公室。

耶林开始在电话里对她大喊大叫。隔着耳塞，她几乎听不到他的声音，也听不到防护服里空气的隆隆声。他要她从高密闭实验室给他打电话，报告她和马丁内斯一天下来看到的一切。他听起来很亢奋。

猴子的胃里都是血，整个被天花摧毁了。肺部因出血而布满斑点。肝脏已经坏死。病毒在猴子体内无处不在。

这是她有生以来第一次与天花病毒面对面。直到看到这只出血的猴子，她才对这种病毒有多么强大和恐怖有了概念。它比埃博拉病毒更可怕，可怕得多，因为它是一种极度适应人类的病毒，并且在空气中传播。埃博拉病毒仅通过直接接触传播，对人类适应性不强。在这里，天花会从动物的体腔直接进入空气中。

"丽莎!"马丁内斯喊道。

他递给她一个塑料桶，里面装着大小相当于半张美元的一坨黑肉。

"什么鬼东西?"她问。

"脾脏。"

脾脏变成了一个斑驳、浑浊、肿胀的球体，基本已经坏死。她拿起两把手术刀，左右手各持一把，以一种尴尬的姿势俯身在样品上，将身体向后拉离台面，手肘外张。这块脾脏包含有几百万人类致死剂量的天花病毒，她把它切成精细的一片片，将组织切碎。这块脾脏现在是一团糊了，她心想。

她动作很快，因为马丁内斯割得飞快，样本在迅速堆积。她站在尸检台对面的一个小长台前，有时候，需要解开空气软管，带着血液或组织样本回到她的实验室去处理，用离心机给血液分层，在显微镜下观察，做红细胞和白细胞计数。她急急忙忙地来回走着，手上沾满了印度毒株扩增的鲜血。

这一天过得很慢，第一次尸检花了几个小时，因为他们在猴子身上看到的是科学上全新的东西。临近中午，他们考虑是不是休息一下，吃点东西，去趟洗手间，另一方面也很想继续检查第二只死猴，它仍然躺在笼子里。最后的决定是继续干活。

与此同时，高密闭实验室里的猴子被感染了天花病毒的消息在疾控中心不胫而走。挂在猴房墙壁上的应急电话一直响个不停。亨斯利接了这些电话，它们从疾控中心的各个部门打来，还有耶林和哈金斯也一直从德特里克堡打来。无论疾控中心对陆军人员搞天花研究有什么保留意见，此刻他们也开始兴奋起来。一位名叫皮埃尔·罗林的疾控中心专家自愿提供帮助，他带了一些可以用来处理组织的化合物来到高密闭实验室西区，以便在电子显微镜下对猴子的病理组织进行观察。

猴房的一整排笼子中，在位于左上方的一个笼子里，那个有着浅色毛发和不寻常面孔的好奇宝宝——雄猴 C099，正平静地注视着这个场景。他的脸似乎发红了。也许他也会倒下。另一只感染的猴子看起来病得厉害，坐了下来。大多数非人的灵长类动物在人类面前不喜欢坐下，如果有人在身边，它们会站起来。但如果一只猴子生病了，它就会在人面前坐下来。生病的猴子会抱着膝盖，看着人，不吃东西。只要还有一点力气，猴子绝不在人面前躺下。如果一只猴子病得很重，当人们背过身时，它就会躺下，但如果有人看着这只猴子，它会再次坐起来。

这只病猴蜷成一团，抱着膝盖，眼皮上有星星点点的斑。当亨斯利转过身，它就在笼子里躺下了。

马丁内斯站在亨斯利旁边。他大声说道："它很快就会杀死所有的猴子。我打赌我们两周后就会离开这里。"

"你等着看吧，"她也大声回话，"我敢打赌，会有一个活下来。我们要在这里呆很长时间，马克。"

他们把第二只死猴抬进尸检室。马丁内斯的身体状况很好，不过尸检的压力开始让他感到疲惫。他是一名激流皮划艇教练，在四级实验室做病理学研究，处理因出血性天花而死亡的动物，这对他在周遭环境下的身体控制来说是一项极限挑战。这项工作非常紧张。每一个动作都必须正确。你必须注意你的手，你必须对周围的人以及他们在做什么保持高度警惕。

马丁内斯找到一把椅子，把它搬进了尸检室，坐在上面进行第二例尸检。他发现这有助于集中注意力。亨斯利不得不一次次将样本送回她的实验室，所以只能一直站着。她开始背痛，而且冷得厉害。切割姿势使她的背部拉得过紧——弓着腰背，肘部外张，身体向后远离手术刀刃，同时还要把高危组织切成小片。太空服里的干燥空气和高密闭实验室里的空调足以让人体温过低，即便是在亚特兰大的夏天。她的靴子是薄橡胶的，透过袜子能感觉到地板上的水泥面。

他们在下午 3 点完成了第二例尸检。

"做完这个我们就出去冲洗一下吧。"亨斯利说，马丁内斯点了点头。

然而当他们回到猴房时，震惊地发现第三只猴子已经死了。这是第一只死于哈珀毒株的猴子。

他们立刻把休息抛诸脑后，进行第三次尸检。工作一个又一个小时往后拖，太阳开始下山。高密闭实验室里没有开向室外的窗户，但主房间里的一排窗户可以看到 15 号楼的玻璃中庭。随着人们下班回家，中庭的灯光逐渐变暗。马丁内斯和亨斯利从那天早上 8 点起就一直穿着太空服，之后没有吃任何东西，也没能去休息室小憩一下。太空服里的空气干得要命，他们处于失水中，口渴难耐。

晚上 8 点左右，马丁内斯突然解开了空气软管，示意亨斯利他要离开。她以为他的空气供应出了问题。只见他跑出房间，急忙向气闸室奔去。问题是他的膀胱。

他痛苦万分地站在气闸室的化学淋浴中。淋浴周期是机器自动设定的，需要淋九分钟，在结束前无法出去。冲完后他跑出中间区，在去卫生间的路上扯下了太空服。

当天晚上，团队成员回到酒店，围坐在泳池边上，觉得有些不可思议。商人们从旁边经过，谈论着买卖和交易；一个男人在旁边的小球场上投篮；孩子们在水中大呼小叫。生活在继续。他们在高危实验室工作，目的就是为了保护这些人不受天花病毒的侵袭，而后者可能从未想到过这种疾病，也不知道它是什么。

亨斯利回到房间，平躺在地板上看着天花板，试图缓解背部的疼痛。这是一项即将引起国际关注的戏剧性工作。它可能会在《科学》或《自然》这样的大牌期刊上发表，而且很可能会让天花根除者们感到难过。

哈　珀
2001 年 6 月 4 日至 20 日

三只猴子死后两天，那只英俊的 C099 大腿上长出了小疙瘩，尽管他看起来并没有什么病。他们给他打了麻醉，平放到尸检台上进行检查，打开嘴，在上颚和嘴唇里发现了几个小脓包。他们用拭子从他喉咙后部取了一份唾液样本，想知道病毒是否会像在人类身上一样，也从猴子的口腔后部转移到空气中。最后他们把 C099 放回笼子里，不久他就醒了。他似乎比那些病得很重的猴子有活力得多。

接下来的几天，C099 得了典型的普通天花。在亨斯利和马丁内斯看来，症状和人类天花完全一样，这意味着他有可能成为 FDA 可以接受的天花模型。

随着脓包变大并蔓延到猴子的面、手和脚部，研究小组发现脓包中有凹坑，表明这是一种离心性天花皮疹，就像人类的离心性天花皮疹一样。马丁内斯把一台水下摄像机带进实验室，给猴子拍了照。他不得不使用防水照相机，因为想要把它从四级实验室里带出来的话，就必须在装满来苏水的水箱里浸半个小时。

脓包密密麻麻地聚集在这只动物的四肢上，就像人们得了天花一样。科学家们开始对他感到抱歉。他们叫他哈珀，以他所注射的毒株命名。

哈珀有 150 个脓包，这是当他失去意识躺在桌子上时，他们数的。亨斯利发现这种疾病的典型形式比出血形式更可怕，这只脸色苍白的猴子让她想起了一个人类小孩。她并不怀疑需要通过动物研究来拯救人类生命——最好的例子就是寻找对艾滋病病毒有效的药物研究。天花实验已经通过了 USAMRIID 和疾控中心的审查和批准。每一只明显快要死去的动物都必须立刻以无痛方式结束生命，这样它就能停止痛苦。但哈珀并没有死去。他正经历着一种痛苦，这种痛苦是人类的遗产，而不是猴子的。

6 月 7 日上午，哈珀蜷缩在笼子的后部，肉眼可见病得更重了。最糟糕的是他的手。天花病毒产生的脓包在那里暴发了。

手是人类的象征，我们之所以成为人，部分是因为我们有了这样的手——在帕特农神庙精心雕刻，在西斯廷教堂天花板上绘制上帝和亚当的手，以及写下《李尔王》。这只手现在把天花这种疾病传给了一只猴子。

科学家们也在关注吉姆·斯托克曼。他五十多岁，是一个严肃的人，整个职业生涯一直都跟动物打交道，和动物在一起时他会自然而然变得温柔。其他人能感觉到斯托克曼这段时间很不好受，因为他看着哈珀染上了天花。这只猴子出现了脱水的状况，因为他几乎无法吞咽。斯托克曼去一家药店，买了一瓶葡萄味的电解质饮料——一种常常给腹泻儿童服用的液体替代品，希望哈珀会感兴趣。亨斯利和马丁内斯则在酒店早餐吧里打上了水果沙拉的主意，拿了红葡萄、桃子、芒果片和软香蕉，把它们塞进泡沫咖啡杯里带到实验室，看看哈珀想不想吃。

斯托克曼把电解质饮料倒进一个带有长塑料管的注射器里喂给猴子，猴子吞进嘴里。他似乎信任穿太空服的人。沙姆布林和斯托克曼把水果捣成浆，放在压舌器上，喂给哈珀吃。他无法咀嚼，但他张嘴把糊状物咽了下去。他屁股上长了脓包，马丁内斯找来一个软垫，设法把它塞到猴子身子底下，让他坐得更舒服。发现他最喜欢红葡萄之后，亨斯利就卷走了酒店早餐吧里所有的葡萄。斯托克曼还买来好几袋软糖，哈珀努力咀嚼并吞了下去。

哈珀脸上已经出现了半汇合的状况。他开始进入早期结痂，这是人类天花最危险的阶段，因为此时细胞因子风暴失去了控制。6月10日左右，当这只猴子全都结痂后，斯托克曼给了他一颗完整的红葡萄。他伸手，接过葡萄，放进嘴里。

哈珀开始有些好转，而且对葡萄形成了一种热爱。如果注意到有人拿着一杯葡萄，他就会伸出两只长满水疱的手来讨要，然后，把葡萄都塞进自己的颊囊，直到塞得鼓鼓的，留着以后吃。

丽莎·亨斯利每天都给彼得·耶林打电话，研究小组通过电子邮件给耶林发送哈珀的照片。6月下旬，耶林把一些照片带到华盛顿，参加美国国家科学院的一个会议，在那里他遇到了 D. A. 亨德森。国家科学院的成员和生物武器方面的主要专家们在咖啡机旁聊天闲逛。自从耶林开始提出保留天花的主张以来，他和亨德森的私人关系有些紧张和变味。

耶林递给亨德森一张哈珀的彩色照片。"看看这个，D. A.。"脓包布满了猴子的脸，而且都有凹坑。

亨德森点了点头，说了些"哦，看起来就像天花"这样类似的话。他的观点似乎是，当猴痘看起来很像天花时，耶林其实不需要用真的天花做实验。

"好吧 D. A.，你猜怎么着，这就是天花。"

根据耶林的说法，亨德森当时把照片塞回耶林怀里，一言未发便转身离开。不过亨德森否认有那么回事。

6月过后是7月，亚特兰大热浪滚滚。穿着太空服的亨斯利却一直觉得阴冷，每回走出高密闭实验室的大门，她都由衷地想拥抱外面的闷热天气。她没有时间享受正常的生活。每天晚上回到酒店。热一份"健康之选"晚餐。躺在地板上。给罗布打电话。他没法接近自己，她也知道这一点，但实验根本停不下来。

哈珀结痂了，健康也恢复了。他们继续动手喂他好吃的，但他们心里清楚，他不会被允许活下去。实验规程要求对所有动物实施安乐死，以便收集更多关于天花所产生影响的数据。还有一条生物安全规则规定，感染了四级病原体的动物不能被活着带出四级实验室，否则动物会把天花带走。

7月下旬，当哈珀必须牺牲的那一天到来时，吉姆·斯托克曼宣布自己在马里兰有事要处理，将飞回家一趟。接着，约书亚·沙姆布林突然也提出要飞回家。

那天晚上，团队中每个人一个接一个地走进猴房看望哈珀。他几乎痊愈了，没有疤痕。他们给他留下了成堆的软糖、花生、好几串葡萄和一个梨，多到他吃不完。第二天早上，亨斯利和马丁内斯让哈珀睡去。他们用了一种不会引起疼痛的麻醉剂。这只猴子以前被麻醉过，这次他不会发现任何异常。

马丁内斯将失去知觉的哈珀放在桌上，看着他离世。他不得不正式记录这次死亡。亨斯利把脸转向了另一边。

在接受哈珀毒株或印度毒株的八只猴子中，有七只死亡，六只死于出血性天花，一只死于典型的脓包型天花。哈珀是唯一的幸存者。

研究团队又继续感染了两组猴子。第二轮，他们感染了六只动物，五只死亡，其中一只猴子得了脓包型天花，另一只猴子像人类黑痘患者那样眼睛发红。第三轮，也就是最后一轮，他们降低剂量感染了九只猴子，它们都没有得病。

彼得·耶林认为这些实验是成功的。"我们能够结束天花只感染人类的神话，在猴子身上制造出一种和人类患病过程相似的疾病。这意味着它对于按 FDA 要求验证抗病毒药物和疫苗的功效是有用的。"他说，下一步挑战是用天花感染猴子，然后尝试用抗病毒药物西多福韦治愈它们。

我问耶林，如何解释实验中猴子所遭受的痛苦。"如果我们不必在猴子身上做天花实验，我的血压会下降 20 个点，"他说，"这真的让我很不安。问题是，你看着它们的眼睛，你会发现它们是有智慧的。晚上去猴房，你会听到它们发出声音，听起来就像人在说话。这真的让我很沮丧。可对付天花的一个关键手段是抗病毒药，FDA 要求在动物身上测试真实天花病毒的药物。坦率地说，我可以接受一种经过测试的抗病毒药物，在体外的人体组织中测试，包括在比如有类人免疫系统的基因工程老鼠上测试。不过，FDA 很快就不再接受在有类人免疫系统的老鼠身上做的天花测试。这会牺牲掉几十只猴子，但和数千万人染上天花不可同日而语，而且我确信天花是一种明显的、现实的危险。但真实的情况是，我真的认为我不能再这么做了。"

丽莎·亨斯利对哈珀的去世尤其感到悲痛和难过，但她认为这种痛苦是作为一个公共卫生研究人员所必须承受的。"我们每一个做动物研究的人都必须在良心上权衡所做的事，"她对我说，"大约有20％的人没法接种疫苗。他们免疫力低下，或者有湿疹，或者是孕妇，或者是年幼的孩子。如果天花卷土重来，很多人将处于无保护的状态下。对我来说，这种损失是无法接受的。"

世贸中心

2001 年 9 月 11 日

从 5 月底到 9 月初，亨斯利一直穿着太空服和天花打交道，每周工作五到七天，没有休息。父母邀请她和罗布·蒂尔一起去北卡罗来纳的外海岸度假，他俩接受了邀请。她走了，马丁内斯继续，工作开始进入收尾。

9月11日，上午9点，斯托克曼喂食和检查猴子。疾控中心的天花科学家英格·达蒙在一个房间里照看设备。拉斐尔·赫雷拉中士穿着太空服工作，一边用无线电耳机听音乐。

马克·马丁内斯正在为一只猴子做尸检，他注意到赫雷拉进入房间，眼睛睁得圆圆的，对自己说了些什么。马丁内斯听不见，于是赫雷拉取过一张纸，写道："一架飞机撞上了世贸中心。"

"是吗?"马丁内斯大声喊道。

赫雷拉走出房间，马丁内斯重新埋头工作。过了一会儿，赫雷拉回来，他在纸上写道："又一架飞机撞上了世贸中心。"

马丁内斯不得不继续工作，他手上的尸检刚好做到一半。

赫雷拉用他的无线电耳机收听事态发展。他写道："五角大楼，""飞机在宾夕法尼亚坠毁。"

尸检室有一扇窗可以看到外面的走廊。一个女人出现在窗口，挥舞手臂，敲打着玻璃，她举着一个牌子：你们需要撤离。

疾控中心主任杰弗里·科普兰收到了来自华盛顿高层的警告，称该机构随时可能成为恐怖袭击的目标。在9月11日的早些时候，不知道是谁发动了袭击，也不知道还会发生什么其他袭击。科普兰下令疏散疾控中心的所有大楼。

疾控中心的每个人都知道，高密闭实验室里面有高危天花病毒。如果它被飞机撞击或炸弹爆炸给砸开，可想而知，天花会逃逸出去。

作为一名中校，马克·马丁内斯是负责此事的最高级的军官。他立刻解开空气软管，穿着太空服在套间里满场飞奔，他叫喊着引起每个人的注意，告诉他们赶快撤离。天花冷柜被锁上并加了链条，但没有时间去管躺在桌上的死猴了。

　　马丁内斯命令大家三人一组进入气闸室。消毒淋浴间只有两根空气软管，所以进去的人共用空气，里面很快就充满了因为身体热量而聚集的雾气。

　　接着，一个女人出现在三级中间区，举着一个牌子来到气闸室门前，上面是大写的一行字：紧急程序。意思是必须立即从高密闭实验室里面冲出去。他们想，是不是正有一架飞机朝着大楼飞来。

　　里面的人停止了淋浴，拉动雨淋手柄。来苏水哗啦啦落到身上，然后他们冲出气闸室，从大楼撤离。

炭疽骷髅

亨德森

世贸中心大楼倒塌五天后，9 月 16 日，星期天，下午 4 点 30 分，D. A. 亨德森坐在他家书房内的一张休闲椅上。这里挨着日式花园，他看着眼前的风景，内心并不安宁。

电话铃响了。是卫生与公众服务部部长汤米·汤普森从位于购物中心南侧的机构总部打来的。"你能来华盛顿开个会吗？"

"什么时候？"

"今晚。7 点，我们要弄清楚，接下去会发生什么，"汤普森说，"我们希望你到场。"

亨德森和娜娜说了要去哪里，然后坐上他的银色沃尔沃，开往华盛顿，退休计划就此终结。他去了汤普森的办公室工作，最终被任命为公共卫生应急准备和响应办公室的负责人。实际上，他成了政府中的生物恐怖主义特使，掌管超过 30 亿美元的年度预算，开始过上 5 点起床乘早班火车去华盛顿、晚上很晚才回家的日子。他七十三岁了。他相信，自己早就预料过的生物恐怖袭击最后发生只是时间问题。

在那个星期天晚上亨德森开始为联邦政府工作。第二天或第三天，即 9 月 17 日星期一或 18 日星期二，有人来到新泽西州特伦顿附近的一个邮局或邮箱，将装满干燥、易碎、颗粒状炭疽菌的信件寄往纽约市：收信人是美国全国广播公司主播汤姆·布罗考、哥伦比亚光广播公司、美国广播公司和《纽约邮报》。

进入潜水艇
2001 年 10 月 16 日

"9·11"之后，彼得·耶林几乎每天都和丽莎·亨斯利以及亚特兰大的猴子研究团队保持联系，但到 10 月中旬，他的精力几乎被炭疽袭击调查占满了，这是首次发生在美国本土的大规模生物恐怖主义事件。

16 日上午，也就是达施勒信件中的那些粉末被送到 USAMRIID 的第二天，平民微生物学家约翰·埃泽尔开始着手研究，他从 HMRU 的特工那里拿到了它。但耶林嫌他们太慢，他想要汤姆·盖斯伯特用电子显微镜去检查样品。耶林在一条走廊上碰见了埃泽尔，他大声说道："该死的，约翰，我们得知道这些粉末有没有掺天花。"

研究所的顶尖科学家们正在为一种未知的生物恐怖武器在大厅里大喊大叫，工作人员们赶紧集结了过来。一名技术员匆匆走进埃泽尔的实验室，取出两支小试管，里面是达施勒信件中的样本。一个试管里装着乳白色液体。这是来自 HMRU 的现场取样。另一个试管里有一小撮干燥颗粒和从达施勒信件的信封上剪下的一角纸，大概是一个字母 L 的大小。试管装在满是消毒剂的双层塑料袋里，被技术员交给了盖斯伯特，后者把它们带到一个叫做"潜水艇"的四级实验室中。

"潜水艇"是 USAMRIID 的高危停尸房。主门是一块带着根伸缩杆的巨大钢板，看起来就像潜水艇上的压力门。曾有那么一两次，穿着太空服的病理学家们用"潜水艇"来解剖被认为死于高危物质者的尸体，尽管做这种尸检的机会少之又少。

盖斯伯特穿好衣服，带着达施勒炭疽试管通过气闸进入"潜水艇"。他走过尸检室，来到一个小实验间，打开试管，将里面的乳白色炭疽液倒了一滴在小蜡纸上，又用镊子把一个小铜网格放到液滴上，等了几分钟，炭疽液在网格上干结成一层壳。然后，他将铜网放入试管，里面的化学制剂能杀死每一个活炭疽孢子。他冲淋完走出套间，穿上便服，把样品带到二楼的一个观察室。在那里，小网格被放入一个支架，并被塞入其中一台电子显微镜——一台8英尺高的透射镜。这台显微镜耗资25万美元。盖斯伯特坐到目镜前，开始调焦。

视野中铺满了成片的炭疽孢子，呈椭圆形，很像橄榄球，但两端更圆润。这种物质看起来是绝对纯正的孢子。

炭疽是一种寄生虫，在有蹄类动物体内以一个自然的生命周期存在。一个炭疽孢子就是一颗种子，一粒微小而坚硬的胶囊，会在泥土中休眠数年，直到最后可能被羊或牛吃进肚子里。当它接触到淋巴或血液时，就会裂开发芽，变成一个杆状细胞。这根杆会继续变成两根、四根、八根……如此继续，直至天文数字，直至宿主体内液体中的炭疽细胞达到饱和。炭疽细胞是活的。它充满能量，并从环境中汲取营养。它使用自己的"机器"，制造自己的副本。相比之下，病毒只能利用宿主细胞的"机器"和能量来复制自己，无法在宿主细胞之外独立存在。

炭疽细胞会产生毒素，导致宿主停止呼吸。炭疽"想要"它的宿主速死。感染了炭疽菌的动物会飞快地从看起来健康的状态到达死亡。几年前，津巴布韦的研究人员发现了一具四脚直立的河马尸体，它在行走中被炭疽杀死。这只河马看起来好像根本没有注意到自己已经死了。

宿主的尸体腐烂并裂开，炭疽细胞先形成孢子，混在一股深色、腐烂污浊的液体中被排入土壤，在那里变干。随着时间推移，有一天，一个孢子被一只放牧的动物吃下，循环再次开始。

盖斯伯特转动一个旋钮，放大镜头。一个炭疽孢子比一个天花颗粒大五倍。他要找的是小目标，痘积木，一个孢子一个孢子地找。要在 100 万个炭疽孢子中找出几个天花颗粒，就像走过约 1.6 公里碎石，找出粗砾中的几颗钻石。没有看到任何痘，但他注意到孢子上粘有某种胶状物。它使孢子看起来像煎蛋——孢子是蛋黄，而胶状物是蛋清。那是一种飞溅物。

盖斯伯特拧了一下旋钮，调高光束功率，以获得更清晰的图像。这时，他看到胶状物开始从孢子中扩散而出。那些孢子在"出汗"。

瞄准镜带有一个宝丽来相机，盖斯伯特开始用它拍照。他突然意识到他的老板正靠在自己的肩膀上。"皮特，这些孢子有点奇怪。"他站了起来。

耶林坐下来看。

"看。"盖斯伯特说。他转动电源旋钮，听到嗡嗡声。

孢子开始渗漏什么。

"哇噢。"耶林咕哝着，对着目镜弯下腰来。有东西正从孢子中冒出来。"这显然不是好货，"他说，"这不是他妈的炭疽菌。孢子里有东西，也许是专门添加的。这些东西会不会来自哪个国家的生物武器计划？伊拉克？基地组织有这么厉害的炭疽水平吗？"

耶林从显微镜前站了起来。"我要把这个带去指挥部。"

耶林把宝丽来相机放入灰色西装口袋，穿过德特里克堡的阅兵场，来到美国陆军医学研究和物资司令部的办公室，这里是 USAMRIID 的权力部门。当时它由约翰·S. 帕克少将领导。一个身材矮胖的男人，性格平和、开朗，戴金属框眼镜，一头银发。帕克将军是一名心脏外科医生。耶林没有敲门就走进了他的办公室。"你需要看看这个。"他说，把照片放在将军的桌子上。

帕克将军听着他讲，然后问了几个问题，最后说："我想亲自看看。"两人匆匆穿过阅兵场返回实验室。这时是下午 4 点，10 月炎热、干燥的一天即将结束，美国东海岸地区正处于干旱之中。凯托克廷山在秋霾中显得梦幻而宁静。太阳要下山了，炙烤得滚烫的草地上，阅兵场中央的旗帜朝着东边投出阴影。

紧急行动
2001 年 10 月 16 日傍晚

帕克将军和彼得·耶林从 USAMRIID 指挥官艾德·艾特森上校的办公室门前经过，然后他们三人一起来到楼上，走进观察室，汤姆·盖斯伯特正在那里盯着炭疽菌。当将军进来时，盖斯伯特紧张地站起来，开始解释怎么操作。

"没问题，我以前管过一个电子显微镜实验室。"帕克说。

他在显微镜前坐下来查看。纯的孢子。

这就是他需要看到的一切。他走到走廊上，迅速向艾特森和耶林发布了指令。我们要让整个 USAMRIID 进入紧急行动状态，全天不间断运行这一设施。他强调，FBI 会将 USAMRIID 作为生物恐怖事件中法医证据的查询实验室。FBI 人员将在实验室与约翰·埃泽尔和其他军方科学家并肩工作。他打算从他指挥部的其他部门调来微生物学家帮助这项工作。帕克知道，华盛顿需要掌握尽可能多的明确信息。

那天早上，在华盛顿特区东北部布伦特伍德邮件分拣处工作的一位名叫勒罗伊·里士满的邮政工人请了病假。他头疼、发烧、下胸疼痛，于是回去睡觉了。

当天晚些时候，美国邮政总局局长约翰·E."杰克"·波特让他的助手去问疾控中心的官员，对于那些可能处理过达施勒信件的"上游"邮政工作人员该采取什么措施。对方回答说，他们认为这对任何一位邮政工作人员都没有危险。他们这么想是有理由的。当得知罗伯特·史蒂文斯和埃内斯托·布兰科是在博卡拉顿市的美国传媒公司办公室通过邮件被暴露给炭疽菌时，疾控中心的调查人员在该地区各个邮局都用拭子采集了样本，也给佛罗里达州的邮政工作人员做了鼻拭子。在佛罗里达州的邮局里确实发现了炭疽孢子，但没发现那里的邮政工作人员被感染。因此没理由认为华盛顿的邮政工作人员处于危险之中。

汤姆·盖斯伯特无法把目光从这件武器上移开，通过电子显微镜的目镜一直盯着它看，直到他发现已经到了晚上8点。一整天没吃没喝，他想吃点早餐，于是开车出去买了一份双层巧克力甜甜圈和一大杯咖啡，这是他刚到办公室的时候就想要的。他把食物带回研究所，继续工作到午夜。他和他的妻子琼住在谢泼德镇，要往西边开很长一段路。当他到家时，已经是凌晨1点了，琼睡着了。

那天晚上，布伦特伍德邮件分拣处的一位名叫小约瑟夫·P.库森的邮政工人值夜班，待在分拣机器旁的他出现了自以为是流感的症状。下胸疼痛，头疼，于是他决定回家。当天晚上，库森的一个同事，小托马斯·L.莫里斯去打保龄球的时候感到不适，也回家上床休息了。

2001 年 10 月 17 日

汤姆·盖斯伯特辗转反侧，无法入眠。他看了看钟：凌晨 4 点。显微镜下看到的景象在脑中挥之不去——连绵不绝的炭疽孢子，从上面滴下一种未知物。他翻身起床，冲个澡，离家去工作。中途停车又买了一份甜甜圈和咖啡，然后开往实验室，试图获得更多的炭疽图像。

当天上午 10 点半，众议院大楼在邮箱被疾控中心发现有炭疽孢子之后就关闭了。大约 200 名国会山的工作人员被告知要开始服用抗生素环丙沙星。约翰·帕克少将去了趟美国参议院，会见参议院领导层的核心人员和员工，告诉他们自己在显微镜下亲眼观察过炭疽，基本上是纯孢子。后来，他这样描述道："这封信是一枚导弹。上面的地址是导弹坐标，邮局很好地确保它抵达爆破目标。"

距参议院约 0.8 公里之外的卫生和公众服务部总部，D. A. 亨德森一直在和汤米·汤普森的人合作，以便在紧急情况下建立天花疫苗储备。

卫生与公众服务部曾就储备问题举行过快速会谈。亨德森认为，美国需要尽快建立疫苗储备。汤普森同意这一看法，他刚向国会提交了一份申请，要求提供充足的资金来制造 3 亿剂天花疫苗——每个美国公民都有 1 剂。政府聘了一家名叫阿坎比斯（Acambis PLC）的英美疫苗公司来生产大部分疫苗。阿坎比斯的主制造厂位于马萨诸塞州的坎顿。士兵们将工厂围起来，进驻该公司位于剑桥的美国办公室。有人认为，对美国实施的天花恐怖袭击可能会伴随着对该国疫苗设施的袭击，或者对相关疫苗研究人员的暗杀。用军事力量保护马萨诸塞州疫苗工厂的行动是迅速而秘密地部署的，并显然有保密条件。

期间，达里娅·鲍德温·耶林（她的婚前姓氏和丈夫姓氏并用）一直接到邻居的电话和来访。邻居们知道彼得是一位参与天花防御工作的政府高级科学家，他们中不止一个人悄悄问达里娅，能否用钱跟她换一些天花疫苗。"我甚至不知道自己能不能买到，"她回答他们，"如果我有，也不能拿来卖钱，必须先给我的家人用。"她被吓得不行，于是问丈夫："如果天花在弗雷德里克传播起来，你能给孩子们弄到疫苗吗？"

他告诉她，如果发生天花的紧急状况，他会在孩子们的手臂上打一针，它可能没有获得正式批准，但会起作用。在必要情况下，他可以在实验室里自制疫苗。然而，他没法不去想澳大利亚人的实验，这些人已经造出了一种抗疫苗的超级鼠痘。如果疫苗不起作用怎么办？他感到压力越来越大。

帕克将军告诉参议院这是纯正的炭疽菌，卫生和公众服务部的人开始为储备天花疫苗请求拨款，这时候，FBI明智地做出了决定，再次就达施勒炭疽菌信件事件征询意见。HMRU向德特里克堡派遣了一架休伊直升机。FBI的休伊直升机有不少盖着补丁的弹孔，是越战中遗留下来的，他们从军方手里买了些便宜的二手货。

这架休伊停落在USAMRIID街对面的一个直升机停机坪上。一名特工进入大楼，取出一个被称为"帽盒"的圆柱形生物危险品容器。在帽盒里，层层包裹中，有一支小试管，装着未经消毒的达施勒炭疽活菌。

直升机带着样本起飞，在马里兰州上空向西猛冲。它在俄亥俄州哥伦布市附近的西杰斐逊村着陆，来到贝特利纪念研究所（Batelle Memorial Institute）的危险物质研究中心，这是一个非营利科学研究和咨询组织。贝特利的科学家们把帽盒带进一个实验室，在高压灭菌器中加热炭疽粉末以进行消毒，然后开始在显微镜下观察它。

孢子呈块状粘到了一起，在空气中它们看似没有那么危险——块太大，不容易飘浮或深入人的肺部。贝特利的分析人员把他们的发现传达给了 FBI 实验室的负责人阿利森·西蒙斯。测试表明，这些炭疽菌并不像军方人员认为的那样纯或强大。

10 月 18 日

周四上午 10 点，即达施勒信件被打开的三天后，美国国家安全委员会的丽莎·戈登-哈格蒂召开了一次跨机构电话会议。在炭疽危机的头几个星期，每天早上都会有这样的电话，目的是让联邦官员了解最新情况。戈登-哈格蒂忙得不可开交。电话会议中大约有 30 个人在聆听或发言，人声鼎沸。那天早上，她挨个儿问过各机构："FBI，你们有什么要报告的吗？"

代表 FBI 发言的是他们战略信息行动中心指挥室的主管人员，包括阿利森·西蒙斯和大规模杀伤性武器部门负责人詹姆斯·F.贾博。两人报告说，他们正在收集有关袭击的证据和情报，并与军方密切合作，以更好地了解参议院大楼所收信件中的物质。

"陆军，你们的报告是？"戈登-哈格蒂继续问道。

和艾德·艾特森上校一起坐在 USAMRIID 指挥官办公室里的耶林开口了。他小心翼翼地措辞，因为实际上整个联邦政府的行政部门都在听。他说 USAMRIID 发现邮寄给达施勒参议员的信件中的炭疽粉末是"专业制造的"且"充满能量"。他说的"充满能量"是指，如果这些颗粒受到干扰，就有飞入空气中的趋势。军事生物武器设计中一个关键因素是武器的内在能量，也就是粒子飞到空中并形成一团的能力，看不见也基本上检测不到，这样它可以传播很远，像气体一样充满一座建筑物。

参与电话会议的有几位疾控中心的官员。他们围坐在该机构二号人物詹姆斯·M.休斯博士办公室的一张会议桌前。耶林的声音从桌上的盒子里尖细微弱地传出，根本不清楚对方是否理解他所说的生物粉末"能量"是什么。他们不曾亲眼见过炭疽颗粒从抹刀上直接飘到空气中的景象——这是让约翰·埃泽尔喊出"哦，我的上帝"的一幕。此外，他们对武器级炭疽的制造方法也知之甚少。这些方法是保密的。也许没有人向疾控中心的官员们介绍过将炭疽孢子武器化的方法，他们都是公共卫生医师，在那之前，他们没理由去了解生物武器制造的秘密。对这些人来说，耶林的讲话听起来就像是技术术语，事实也确实如此。

疾控中心的一个流行病学小组正在华盛顿，疯狂地对国会山的5 000名工作人员进行炭疽暴露测试。他们擦拭着众人的鼻腔，并集中检查那些当达施勒信件被打开时在哈特参议院办公大楼的人。国会山的几座大楼已被关闭，以进行炭疽孢子检测。疾控中心的人手紧张得不够用，许多人早几天就忙得基本顾不上睡觉了，他们必须在巨大的政治压力和自身的疲惫中做各种决定。疾控中心的官员们认为，彼得·耶林说炭疽具有"充满能量"或"专业制造"等性质，并不表明这些场所中处理信件的邮政人员就可能处于危险之中。

"疾控中心的人没有意识到这两个词的含义，"耶林对我说，"在我看来，疾控中心有一种公共卫生专业人员的文化，他们认为生物战是对科学的一种颠覆，他们认为这根本无法想象。"

疾控中心的官员们在电话会议中问耶林，他是否可以描述颗粒的大小。这是一个重要的问题，因为如果炭疽颗粒极小的话，它们就能进入人们的肺部，这种粉末会更加致命。

彼得·耶林回答说，USAMRIID 的数据表明，达施勒炭疽的浓度和效力比 1960 年代美国生物战计划中在德特里克堡制造的任何炭疽都要强十倍。这种炭疽菌几乎由纯孢子组成，而且是"高度气化的"。

耶林说，他当时想要引起疾控中心的注意，警告他们可能有更多的人被感染。但这就像在一大堆人的房间里向其中某人挥手一样。"疾控中心的人有点无动于衷，"他说，"我很气愤。当我说这种炭疽是高度气化时，没有从他们那里得到任何反应。我在想：'什么时候这件事会暴发，引起所有人的注意？'"

疾控中心的负责人杰弗里·科普兰在电话里听着，但没多说什么。几个月后，科普兰告诉我："如果我们明白炭疽进入空气后会表现得像气体，而且会通过信件的孔隙泄漏，可能会有所帮助。但是否会采取不同做法呢？调查还在进行，很多东西还处于混乱之中，你不能只是因为知道了这些就换个做法。"

炭疽孢子直接穿过了达施勒信封和其他装满超细粉末的炭疽信封的纸张，虽然信封都用胶带紧紧地封住了开口。看来炭疽恐怖分子并未计划让这些信件杀死邮政工作人员。正如科普兰所说："他们并不是目标的一部分。"

纸张上有微孔，比炭疽孢子要大五十倍。如果把信封纸上的孔比作房子里的一扇窗户，那么炭疽孢子就是放在窗台上的一个橘子。如果你把一张纸（例如本书的一页）紧贴在嘴边，然后对着它吹气，会感觉到呼出的暖气正透过纸张。这也正是当信封被挤过邮件分拣机时，炭疽孢子所经历的。

当晚 7 点，在布伦特伍德邮件分拣处，身着防护服和呼吸面罩的技术人员开始围着机器用拭子检测炭疽孢子。此处已经启动并进入运转，里面都是邮政工人在机器旁的工位上干活。其中一名工人问检测人员："你们怎么不检测这些人呢？"

骷髅和骨头
2001 年 10 月 19 日

美国在阿富汗实施了近两周的空袭，美国特种部队也在该国境内展开了行动。乔治·W. 布什总统和他的顾问们表示，美国认为伊拉克是恐怖主义的支持者，萨达姆·侯赛因领导着一个"敌对政权"，在结束对塔利班的打击后，美国很可能会把它作为摧毁的目标。在白宫，有一种巨大的担忧，即炭疽袭击可能是基地组织或伊拉克赞助的秘密行动。

星期五早上，破晓之前，也就是达施勒信件被打开的四天后，彼得·耶林穿上太空服，进入"潜水艇"，得到了一个干燥过的达施勒炭疽菌活体小样本。安全起见，他把它装在双层试管里带出来，并把试管放入一个钴辐照器中——它能杀菌，破坏孢子中的 DNA。他把样品交给了汤姆·盖斯伯特，拿去在扫描电子显微镜下观察。

盖斯伯特把装有干炭疽菌的试管带进他的显微镜实验室，放在托盘里，然后开始忙别的。一分钟后，他碰巧瞥了一眼那支试管。炭疽菌不见了。

但试管盖是盖上的。

"怎么回事？"他大声说。

他拿起试管，盯着它看。空的。他用手指敲了敲盖子，这些微粒现身了，并落到试管底部——不知何故，它们刚刚卡在瓶盖下面。

他回去继续工作，一分钟后瞥了眼试管，炭疽菌又消失了，敲敲瓶盖，炭疽菌落到底部。他盯着那些骨头色的颗粒。现在，他看到它们爬上试管壁，沿着塑料管跳舞，往上走。

助手丹尼斯·布劳恩正在一旁忙着，他喊道："丹尼斯，你永远不会相信这个。"

这些炭疽菌就像跳豆，它似乎有自己的生命。

他开始为显微镜准备样品，把试管打开，一点点将炭疽敲在一条黏稠的黑色胶带上，以便将粉末固定在那里。但是炭疽颗粒在胶带上弹了起来，无法粘住。80％的达施勒颗粒在气流中飞走，上升到通风橱的罩子上。就在那一刻，他明白，哈特大楼被彻底污染了。

他设法让一些粒子粘在胶带上，然后急匆匆地把样品带到观察室，拿到扫描镜下，放大。眼前所见让他震惊不已。

这些孢子粘在一起，形成看起来像月球岩石的块状物。它们让他想起了笑嘻嘻的南瓜灯、骷髅、膝盖骨和万圣节的妖精脸。炭疽颗粒显示出一种被侵蚀的、坑坑洼洼的外观，就像落在地球上的陨石。大多数块状物都很小，有时只含一两个孢子，但也有巨大的块。在他看来，一个大块跟人头骨似的，有眼窝，下颌张开，仿佛在尖叫。它是一个炭疽骷髅。

这些骷髅正在分崩离析。他可以看到它们不断分解成微小的团簇和单个孢子，越来越小。这是一种被设计成会散开在空气中的炭疽，也许当它赶上潮湿或其他条件时就会自行破裂。盖斯伯特接受过国家安全许可证的培训，对炭疽病也有所了解，但他无法想象这种武器是如何制造的。它看起来极端邪恶。他开始感到自己在发抖。

他拨了个电话给耶林。"皮特，我在观察室。你现在能上来吗？"

耶林跑着上了楼，关上门，盯着骷髅炭疽看了很久。他没有说什么。盖斯伯特的安全级别定为秘密级，但眼前这东西的制造细节可能是更高级别的机密。

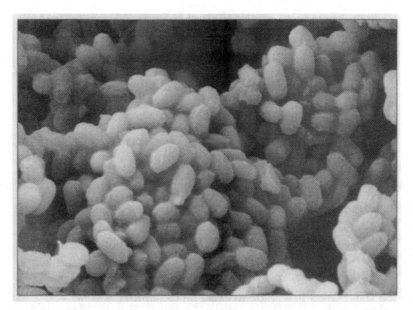

一个纯炭疽孢子的参考样本，在特征上和达施勒信件中武器级的"骷髅炭疽"相似。这些孢子的直径约为 1 微米（百万分之一米）；大约 200 个孢子排成一排的厚度，相当于人类头发的直径。（美国陆军传染病医学研究所汤姆·盖斯伯特提供。）

耶林显然在不久之后去了安全室，并让人打开机密保险箱。他研究了一份或多份红色边框的文件，里面似乎包含了各种武器级炭疽的精确技术配方。在这些文件中，几乎可以肯定的是，也有他刚才从显微镜中看到的那种骷髅炭疽的制作秘密。

他把骷髅炭疽的秘密称为"炭疽戏法"，尽管他不愿意就此发表讨论。这东西会是在伊拉克制造的吗？这可能是某个美国人的把戏吗？都有些什么人知道它？

汤姆·盖斯伯特很晚才回到谢泼德镇的家。几天来，他每晚大概只睡三个小时，但现在他失眠了。他担心自己在骷髅炭疽上的发现指向它来自一个军事生物战实验室。最后，他叫醒了琼。"我会引发一场和伊拉克的战争。"他对她说,快要哭了的样子。琼提醒道,他是一名科学家,所能做的就是找到真相并报告出来,无论它会指向何方。"我们只需要让数据以原本应该呈现的方式呈现。还有其他人也在研究炭疽。"

那天晚上他没睡着。

10月21日至22日,星期天的晚些时候,以为自己得了流感的布伦特伍德邮递员小约瑟夫·P.库森(从星期二晚开始就没去上班)感觉非常糟糕,去了南马里兰医院中心的急诊室。医生看了一下,就让他回家了。他正在死去,但他们没有看到这一点。另一名布伦特伍德的工人勒罗伊·里士满在本周早些时候请了病假,被收治于伊诺瓦-费尔法克斯医院,他在星期天被判定为吸入性炭疽病,由一位名叫托姆·梅尔的急诊室医生做出诊断。最终里士满在该院医生的照料下活了下来。几天前的保龄球联盟活动中第一次开始感到不适的布伦特伍德工人小托马斯·L.莫里斯,在星期天晚上大约11点拨打了911。他感觉自己快要死了,并告诉调度员他认为自己得了炭疽病。救护车把他送到大东南社区医院,第二天早上9点不到,他被宣布死亡。莫里斯死后不久,邮政总局下令关闭布伦特伍德的邮件分拣处,2 000名邮政工人被告知要开始服用抗生素。星期一上午,小约瑟夫·库森回到南马里兰医院中心的急诊室,并于下午早些时候在那里去世。

在特伦顿郊区的新泽西州汉密尔顿邮件分拣处,工作人员也接触了炭疽,因为这些信件都是从特伦顿附近寄出的。达施勒信件在前往布伦特伍德途中经过了汉密尔顿,在汉密尔顿邮件分拣处的空气中散落下极少量的孢子。现在有三名邮政工作人员也被感染了,其中两名是皮肤性炭疽,一名是吸入性炭疽。

与此同时在华盛顿，FBI 实验室正试图评估这种炭疽菌。两名布伦特伍德工人死的那天，FBI 总部举行了一次会议，与会者包括实验室、贝特利纪念研究所的科学家和陆军的科学家。贝特利和陆军的人正在做科学家最擅长的事：完全不同意对方的观点。陆军科学家告诉 FBI，这些粉末非常精炼且危险，而一位名叫迈克尔·库尔曼的贝特利科学家说，这种炭疽的效力比陆军声称的要低十到五十倍。实验室负责人阿利森·西蒙斯在整理分歧时遇到了困难，她显然没有向疾控中心的领导层透露太多关于这种粉末的情况，而是在等待更多的数据到来。据说一位陆军官员在会上冲着西蒙斯和库尔曼大发雷霆。他对这位贝特利的人说："该死的，你们把炭疽菌塞进高压锅，结果把它变成了曲棍球。"他对着西蒙斯则说，她应该"给疾控中心打电话，至少告诉他们在这个炭疽问题上有分歧"。西蒙斯显然没有这么做。

卫生与公众服务部没有从 FBI 那里得到让人满意的关于炭疽的简报。一位知情但不愿透露姓名的卫生与公众服务部官员谈到贝特利对达施勒炭疽菌的分析时说："这是我听说过的最糟糕的情况之一。贝特利的人将炭疽在高压锅里加热，导致这些东西结团，然后他们告诉 FBI 说它看起来像狗粮。这就像一个二手车商在卖一辆出过事故的、布满了凹痕的汽车，而车商试图声明这就是它新出厂的样子。"

FBI 开始每天向 USAMRIID 提供大约 200 个法医样本，经常是用休伊直升机送过来的。这些直升机不分昼夜在大楼附近的停机坪上起起落落。HMRU 的特工和 FBI 实验室的其他人员开始在 AA3 套间里忙活，这里到后来已完全用于法医分析和处理样本。这项工作由 USAMRIID 的诊断系统部门接手，部门领导者是陆军微生物学家埃里克·亨查尔中校。样本大部分是环境拭子——来自布伦特伍德的邮政设施、国会山、新泽西的邮政设施和纽约市。每个样本都属于联邦刑事证据，必须用绿色监管链表格进行记录。USAMRIID 科学家对每个样本进行了十次独立检测，每个样本最终都配了一个百来页文件的证据跟踪文件夹，以至于走廊里被装满这些文件夹的档案盒塞爆了。最终，该机构将分析超过 3 万个与炭疽恐怖有关的样本——远远多于包括疾控中心在内的任何其他实验室。

在众多样本中，有一个来自《纽约邮报》所收信件中的一点炭疽菌。邮报炭疽几乎是纯孢子，就像达施勒粉末一样，但不知为何孢子被粘在了一起，变成碎玻璃似的块块。它看起来像是达施勒炭疽的胶合版本。

白　宫
2001 年 10 月 24 日

一大早，在达施勒信件被打开的九天后，约翰·帕克少将接到了卫生与公众服务部汤米·汤普森的电话。汤普森一直听到有传言说达施勒炭疽菌非常糟糕，但他仍未从 FBI 实验室得到太多关于它的消息。他觉得自己成了局外人，希望帕克能给他补上具体情况。帕克同意到华盛顿亲自向汤普森汇报，并且打了个电话给彼得·耶林，请他一起来。

帕克和耶林坐着一辆绿色福特探险者前往华盛顿，由一名穿着制服的中士驾驶——这是将军的专用车。他们去了卫生和公众服务部总部的六楼，在一个俯瞰购物中心的大会议室里，会见了汤普森博士、D. A. 亨德森和总部的其他高级职员。他们惊讶地发现，FBI 官员们在里面，包括局长罗伯特·S. 穆勒三世。房间里还有一些显然很有权势的黑衣官员，以含糊不清的声音做着自我介绍，名叫约翰·罗伯茨什么的，说自己来自这个或那个研究所。这些人是中情局高层的管理人员，他们的真名属于机密。

耶林带来了盖斯伯特的炭疽颗粒照片，他把它们摆了出来。然后，他又拿出一个有趣的东西给这些人看：一个塑料袋，里面装着六管不同的橘黄色粉末，来自伊拉克的哈克姆炭疽研究所。耶林的一个朋友在那里收集到的。这些粉末是炭疽替代物——伪生物武器，用于测试和开发真正的生物武器。伊拉克的生物战科学家一直在使用苏云金芽孢杆菌（Bacillus thuringensis）作为炭疽菌替代物，它在亲缘关系上和炭疽菌很近，但对人体无害（苏云金芽孢杆菌是昆虫的炭疽，园丁用它来杀死蛴螬。有段时间伊拉克人一直声称，哈克姆炭疽研究所是为了对付伊拉克的蛴螬而建造的）。

他让袋子在房间里传了下去，向这些人保证这些小瓶没有危险。每个人都可以看到伊拉克"炭疽"看起来与达施勒粉末有多大的不同。它很重，很粗糙，含有大量的膨润土（石油工业中常用的一种黏土），看着像土块。它看起来一点也不像达施勒粉末。至少在哈克姆运行的时候，伊拉克的生物武器制造者们一直在使用与达施勒粉末不同的配方。

之后，帕克建议耶林向五角大楼通报炭疽病的情况，于是一天里剩下的时间他们都在国防部助理部长的各个办公室之间转来转去。这一天快要结束时，他们沿着 270 号州际公路返回德特里克堡。正值高峰，车流如织。耶林坐在副驾驶座上，将军则坐在后排。平常，星期三一般是耶林去舞蹈班接女儿布里亚的日子，他期待着和她一起度过特别的时光。

就在探险者抵达德特里克堡的入口时，将军的手机响了。电话那头的人发出了一些快速指令，并加了一句："耶林这家伙在哪里？"

"他和我一起在车里。"将军身体前倾，对耶林说："白宫的人在找我们。就现在。"

"嘿，帕克将军，我们有时间停下来小便吗？"

"没有。"

车在德特里克堡入口处绕着艾布拉姆斯坦克调了个头，然后就飞快回到州际公路上。中士开始打灯和鸣笛，在车流中穿梭。这对耶林的精神状态没有帮助。最后，他想起了布里亚，于是打电话给达里娅："我不去接布里亚了。"

"你是什么意思？"她问。

"我不能告诉你。"

"你说不能告诉我是什么意思？彼得，你在哪儿？"

"我不能说我在哪里。"

车停在宪法大道上，他说他稍后会和她通话。

"彼得，你的口袋里还有伊拉克的那玩意儿吗？"帕克将军问道，"你可能不会想把它带进白宫吧。"——特勤局的反应可能不妙。

他们已经在白宫的车道上了，耶林不知道该如何处理他的伊拉克"炭疽"。他把它塞进了汽车座椅的缝隙里。

在大厅里，到处都是国会官员、白宫工作人员、国家安全委员会成员、FBI高级官员和最高级别的特工。"洗手间在哪儿？"耶林对着人群咕哝道，有人给他指了指。

会议在罗斯福厅举行，这里有华丽的高天花板和黄铜配件装饰的橡木大门。房间中央有张长桌，四周放着带皮软垫的扶手椅。靠墙的一圈还摆了许多椅子。

一位安全官员对大家说，这次会议是秘密召开的。（第二天早上，《纽约时报》头版报道了会议的情况。白宫官员后来得出结论，是FBI的一个消息源泄露出去的。）司法部长约翰·阿什克罗夫特坐在桌子旁，罗伯特·穆勒坐在靠近中央的位置，身边是包括阿利森·西蒙斯在内的一群FBI官员。汤米·汤普森也坐在靠近长桌中央的位置。会议由汤姆·里奇主持，他最近刚被任命为国土安全局局长。

耶林一开始坐在靠墙的一张椅子上，但有人抓着胳膊把他带到桌子中央的一张椅子上，在那里他面对着穿深木炭色套装的内阁成员。耶林穿着他的灰色西装，配一件糖果条纹衬衫和一条时髦领带。特勤局把门关上了。

汤姆·盖斯伯特一直在研究所到处找耶林，但没找着。他担心了，打电话到耶林家，达里娅接的。"彼得在哪里？"她问他，"他没有接布里亚！"她冲着盖斯伯特发脾气。

"她疯了，跟个大黄蜂一样。"盖斯伯特回忆说。他试图安抚她，但他也不知道耶林在哪里。

达里娅爱彼得。他们的婚姻很牢固，但她认为，不管有没有国家危机，她的丈夫至少有义务告诉家人他在哪里。

约翰·阿什克罗夫特主持了会议。他不客气地开口了。他说，陆军、FBI 和疾控中心之间显然缺乏沟通，这次会议的目的，是搞清楚为什么疾控中心没有意识到这种炭疽是武器级的材料，没有更快地对布伦特伍德邮件设施采取行动。有一种感觉是释放炭疽菌的人可以再来一次，或许是在标志性建筑内或城市空气中大规模地释放炭疽菌。这是一个紧急的国家威胁。沟通中断在哪里？陆军有没有把情报交给 FBI？FBI 有没有告知疾控中心这种炭疽的高度危险性？

阿什克罗夫特是罗伯特·穆勒的上司，他直直盯着这位 FBI 局长。穆勒把目光转向帕克将军，感谢了陆军研究所，是他们让 FBI 注意到这种炭疽的性质。他说，FBI 收到了关于炭疽的相互矛盾的数据，一直在试图理清这个问题，但穆勒现在承认陆军研究所是对的：达施勒炭疽是一种武器。

然后二十个人围着桌子开始争论：什么是生物武器？

约翰·阿什克罗夫特打断了所有人。"好了，好了！所有这些关于什么是生物武器的讨论是天使在针头上跳舞。我想听听教授怎么说。"他用手指了指坐在耶林身后的某人。

耶林不是教授，他转过身去看了看。然后他才意识到司法部长指的是自己。他清了清嗓子，把大家的注意力引向盖斯伯特的炭疽骷髅照片。（挨个儿传了一遍）他指出照片中从孢子上流出的煎蛋状黏液。他说，这可能是一种添加剂。

有人问道，教授认为这种炭疽会是伊拉克的产品吗？

耶林能给出的最好的回答就是，它可能是伊拉克的炭疽，然而到目前为止，他们从伊拉克看到的所有样本全然不同。伊拉克炭疽菌混着膨润土，这些孢子中却没有。他说，到明天，陆军研究所会更清楚添加剂是什么。

会议很快陷入了炭疽袭击幕后是否有"国家行为者"这一问题的讨论。房间里的气氛开始变得像一个战争委员会在决定是否进攻伊拉克。

耶林被吓到了。"停！"他脱口而出，"这种炭疽并不是发动战争的有力理由。它并不非得是一个国家制造的。"他涨红了脸，停了下来，对内阁成员喊"停"似乎有些太轻率。然后他继续往下说，几克高纯度炭疽菌可以在一个小实验室里用一些小设备制成。"这种炭疽菌可能来自医院实验室或任何装备合适的大学微生物实验室。"FBI官员问道：调查人员如何搜寻小型恐怖分子生物武器实验室的"标志特征"？耶林回答说，一个制造炭疽的小实验室可能几乎无人注意，而且在任何情况下都很难识别。

阿什克罗夫特在会议结束时把 FBI、陆军研究所和卫生署训斥了一番，严厉警告他们要团结一致，开始更有效地相互沟通。他明确表示，那些只是为了哄总统开心的人可以马上走人。

"好吧，教授，你做得很好。"在回研究所的路上，帕克对耶林说。耶林靠在座椅上，夜色匆匆掠过眼前。他开始更深入地反刍自己在会上所说的话——炭疽可能来自一个小实验室，几件桌面设备。完成炭疽戏法需要做些什么？也许可以由一个人完成，或者由两三个人完成。他又开始思考实验室的部分。在西边有一个实验室……还有USAMRIID。这可能吗？这可能是一个内部工作吗？会不会是来自USAMRIID内部的恐怖行动？彼得·耶林有一个惊人的想法，那就是这个恐怖行动可能来自他认识或知道的人。

他午夜后才回到家。达里娅已经从舞蹈课上接回了布里亚，并让基拉上床睡觉了。她正坐在厨房里批改一堆英语论文。"你去哪儿了？我敢肯定那是个重要的地方。"

"我去了白宫。"

"好，吧。"

"不，真的。"

"你却不能跟我说。"

"不，真的，我不能。"

几天后，将军的司机带着那袋伊拉克"炭疽"来到耶林的办公室。他说，他发现它卡在他汽车的座椅里。

戏　法

肯·阿利贝克是一个沉默寡言的人，刚到中年，外表看起来很年轻，着装优雅，配着精致的羊毛外套和低调的领带。他来自中亚一个古老的哈萨克家庭。因为一系列涉及中情局的事件，阿利贝克于1992

年来到美国。在此之前，他叫卡纳特扬·阿利别科夫博士，苏联生物武器计划 Biopreparat 的研究和生产第一副主任，手下有 32 000 名科学家和工作人员。刚到美国时，他体重超重、抑郁，而且不会说英语。

肯·阿利贝克拥有炭疽方面的科学博士学位，一个超级学位，于 1988 年他三十七岁时获得，因为他指导研究小组开发了苏联最强大的武器级炭疽。这项工作是他担任斯捷普纳戈尔斯克生物武器所的负责人期间进行的；该所一度是世界上最大的生物武器生产设施。阿利别科夫研制的炭疽菌在 1989 年开始"全面运作"，这意味着它被装入了炸弹和导弹。

正如阿利贝克向我描述的那样，他研制的炭疽菌是一种琥珀灰色粉末，比洗澡用的滑石粉还细，颗粒光滑、细腻、蓬松，容易飞散并消失在空气中，变得看不见，然后飘浮到几英里之外。这些颗粒有一种像胶水一样黏在人肺部的倾向。阿利别科夫炭疽菌可以成吨生产，被认为效力极强。

一天，阿利贝克和我坐在他位于弗吉尼亚亚历山大市的办公室的一间会议室里，我问他，对开发了一种强大的生物武器做何感受。"很难说我是否对此感到兴奋，"他说，他英语很好，尽管说起来带俄罗斯口音，"如果说我认为我做错了什么，那也不真实。我想我做了一件非常重要的事情。这种炭疽是我的科学成果。我的个人成果。"

我问他是否愿意告诉我他的炭疽配方。

"我不能说。"他回答。

"我不会公布的。我只是好奇。"我说。

"你必须明白，这事难以置信的严重。"

阿利贝克用简略的术语跟我讲了他的炭疽配方。配方似乎很简单，并不完全是你期望的那样。两种不相关的材料与纯粉末状炭疽孢子混合。如果你走进一家家得宝，四周看一圈，就可能发现至少一种材料，甚至两种都有。不过，要完善这一技术，必须经过大量的研究和测试，阿利贝克得有技巧和决心来推动他的团队。

"这就是我的贡献。"他说。

肯·阿利贝克刚叛逃过来时，他在中情局的报告听取者发现不明白他在说什么。自1969年美国生物武器计划结束以来，中情局的大部分生物学专家都流失了。于是他们请来了威廉·C.帕特里克三世（比尔·帕特里克）协助调查。帕特里克是一个高大、优雅、和蔼、秃顶的男人，现在七十多岁了，曾是未关闭前的美国陆军生物战项目产品开发负责人。帕特里克拥有多项机密专利——所谓的黑色专利——制造能消失在空气中并飘移数英里的生物粉末的手段。

帕特里克和阿利贝克在汽车旅馆的房间里进行了几次长谈，每一次都由操控员特工安排和监视。这两位生物武器专家是各自项目中的最顶尖科学家，他们发现他们的科学语言是相通的，相互了解之后，又发现他们和各自的研究小组都独立地发现了使生物粉末飞到空中并消失的技巧。帕特里克和阿利贝克成了朋友。帕特里克和妻子弗吉尼亚开始邀请阿利贝克来家里过感恩节和圣诞节，因为他们觉得他很孤独。

几年前的一天，我沿一条蜿蜒的乡间小路驱车爬上凯托克廷山的山坡。这是一个寒冷彻骨的日子，山顶上，冬天的云层形成了一块块透镜，让阳光散落进来。帕特里克一家住在一所舒适的房子里，就像瑞士山区的小木屋。它坐落在山上一小块草地的高点上，俯瞰着德特里克堡。从房子里，你可以看到 USAMRIID 的屋顶和通风管，依偎在远处的树木之间。

"进来，进来，年轻人。"帕特里克说。他眯起眼睛望着天空。他对天气极其敏感。

我跟他坐在客厅里聊了起来。"我们这些了解生物武器的化石和年轻一代之间存在着该死的脱节。"他说。在那个进攻性项目被关闭后，有一段时间帕特里克加入了 USAMRIID，从事和平性质的工作，但他非常确定有一天某些具备这方面知识的人会在恐怖袭击中使用细菌武器，于是他开始了一场个人运动，向政府警告这种危险。他是多个机构和政府的顾问，包括纽约市在内。他在演讲中描述了各种不同粉状生物武器少量出现在空气中会发生什么，并给出了伤亡人数的估计。他对纽约市遭受生物恐怖袭击的预测似乎是保密的。

在我来之后几分钟，肯·阿利贝克开着一辆银色宝马出现了。午餐结束，我们围坐在餐桌旁。帕特里克拿出一瓶格伦伦莫兰吉单麦芽威士忌，我们一人斟了一杯。威士忌呈现温暖的金黄色，它推动了谈话的进行。

"似乎许多科学家都相信生物武器是行不通的，"我说，"你会听到这些观点被大量引用。"

两位前生物武器专家互相对视，比尔·帕特里克放声大笑，低下头继续笑。肯·阿利贝克看起来很恼火。"这太愚蠢了，"阿利贝克说，"我甚至找不到一个词来形容这有多蠢。你测试一下武器，看看什么是有效的。我可以说我不相信核武器好使。核武器会摧毁一切。生物武器还更……有益一点。它们不破坏建筑物，只破坏生命活动。"

"生命活动？"

"人。"他说。

帕特里克邀请我们进入他的地下室办公室。我们跟着他走下一段螺旋楼梯，来到一间有滑动玻璃门的房间。他从文件柜里取出一个纸袋，扒拉出一只棕色的小玻璃瓶。瓶子上的黑色塑料盖子拧得很紧，里面装了半满的乳白色超细粉末。"这是一种模拟炭疽武器，"他说，

"BG。"即球状芽孢杆菌，一种和炭疽菌亲缘关系很近的无害微生物。"肯，你看一下。"

阿利贝克举起瓶子，摇了摇。粉末在瓶子里变成了一团烟雾，旋转着，瓶身变得不透明。

"这是一个美丽的产品。"帕特里克说。

阿利贝克点点头。"它具有武器的特征。"

帕特里克从纸袋中取出一个杀虫剂喷雾器。老式的手泵式喷枪。他抽了抽手柄，一团白色烟雾状粉末从喷嘴中冒出。"这颗粒大小有没有很惊艳？"

阿利贝克笑了起来。"比尔，别用那东西指着我！"

"这其实是我妻子的爽身粉。"一股宜人的婴儿粉香味充满了整个房间。

因为这些粉末，房间里变得有点呼吸不畅，于是我们出门去到屋前的草坪上。阿利贝克点了根烟，大家一起欣赏草地上的风景，越过马里兰的山麓，看到远处的一条蓝线，是艾里山的山脊。现在零零落落的云层挡住了太阳。

"风速是每小时 16 至 19 公里，有点阵风，"帕特里克说，"肯，风向是哪边呢？"

阿利贝克转过身，探望，似乎在用他的脸感受空气。"东边？它正在往东走。"

"像今天这样的天气，天花能从这里传到弗雷德里克。"帕特里克说。

阿利贝克点头表示赞同，抽了一口烟。

"等一下。"帕特里克突然说道，然后大步走上山，消失在车库拐角处。我们听到车库门的电动声。过了一会儿，他回来了，手里拿着一个装了粉末的蛋黄酱罐。他拧开金属盖，给我看里面的东西。一种极其精细的粉末半满着，呈斑驳的粉红色。他解释说，这也是一种模拟生物武器，粉红色源自鸡胚的血液。这种粉末是一种叫做 VEE 的武器化大脑病毒的替代品，VEE 在空气中很容易传播——不过这种粉末是无菌的，里面没有传染性物质。他在我的脸下方摇了摇罐子，烟雾升腾，一缕缕飘向我的鼻子。我忍住了想把头扭回来的冲动——大脑或许知道这雾无害，但直觉不太容易被说服。

帕特里克拿着罐子穿过草坪，站在一棵橡树旁。突然，他伸直手臂，把罐子里的东西举到空中。粉末沸腾，形成一个小蘑菇云，然后模拟的大脑病毒穿过一棵山茱萸的树枝，沿着草地起飞，以很快的速度向弗雷德里克移动。几秒钟内，这朵云开始变得透明，接着骤然消失。颗粒似乎不见了，看起来就像水蒸气从茶壶里冒出。

"看到它是怎么一眨眼就消失的吗？"帕特里克提醒道。

阿利贝克看着，狠狠地抽了一口他的烟，有些被逗乐了。"是的。你看不到那朵云了，"他说，"根据扩散高度，其中一些颗粒会飞到 80 公里外。"

"它们中的一些会飞到艾里山山脊，32 公里远。"他说。大脑武器模拟物将在几小时后抵达那片山脊，再过几个小时就会越过地平线。

帕特里克盯着云层，似乎在嗅着风。他转向阿利贝克："假设你今天想攻击弗雷德里克，肯，你会用什么？"

阿利贝克看了一眼天，权衡着天气和他的选择。"我会用混有天花的炭疽。"

加密电话
2001 年 10 月 25 日

汤姆·盖斯伯特驾驶他那辆破旧旅行车，带着一小撮消毒过的干燥的达施勒炭疽菌（置于一个特殊胶片盒中），来到位于华盛顿州西北部的武装部队病理学研究所。他花了一天时间和一群技术人员一起用 X 光机进行测试，以查明粉末是否含有任何金属或元素。午餐前，结果出来了，机器显示孢子中有两种额外的元素：硅和氧。

氧化硅。

二氧化硅是玻璃。

所以这位或这群炭疽恐怖分子往粉末里掺了玻璃粉，即硅石。这些硅石被粉化得非常细，在盖斯伯特的电子显微镜下，看起来就像从孢子上滴下来的煎蛋糊渣。

盖斯伯特在一条开放电话线上打给耶林："我们找到了一个标志特征。"耶林叫他不要在这条线路上讲。

盖斯伯特问其他人可否使用加密电话，他被带入一个安全间。加密电话看起来就像普通电话，只不过多了块液晶屏幕和加密锁。他们给了盖斯伯特加密钥匙，他解锁了电话。

与此同时，耶林已经赶到 USAMRIID 的安全间。他打开了这边的加密电话等着。盖斯伯特的电话打了进来，他们在开放模式下说了几句话，接着耶林按下电话上的一个按钮。屏幕闪出一行字：安全。

电话没声了。两人等了半分钟。加密电话屏幕显示为：美国政府机密。他们的声音回到了线路上，不过是失真的。

"所——以——你——发——现——了——什——么?"耶林问道。

"维森，我特！我们噢——喔喔——哇哦，哇。"盖斯伯特的声音变成了一种拉长的机器人漱口声。

"慢——点——说。"

"我们发噢哇——噢哇！"

"哇啊。你——得——说——清——楚——点。"

"皮特！炭——疽——里——边——有——玻——璃。"

你可以在互联网上买到超细粉化玻璃，名为二氧化硅纳米粉，它具有工业用途。此类玻璃的颗粒很小。如果炭疽孢子是一个橙子，那么这些玻璃颗粒就是附着在橙子上的沙粒，又光又滑，可能经过处理，可以防水。它们使得孢子散开，更易通过信封纸上的孔隙，飞向四处，像气体一样充满哈特参议院办公大楼，以及布伦特伍德和汉密尔顿的邮件分拣设施。

没人知道有多少炭疽孢子在布伦特伍德的邮件分拣设施中泄漏到空气中，但至少有两封含有干骷髅炭疽的信通过了机器。这些"骷髅"散开、脱落，个别孢子从纸张孔隙漏出，或者从信封边角漏出。如果将布伦特伍德大楼内部空气中的所有孢子聚集起来，能否盖住一枚图钉头都值得怀疑。但试图清除它们的环境保护署为此花掉了约3 000万美元。

联邦政府

FBI华盛顿办事处是一座石头和玻璃打造的新建筑，位于第四街和F街的交接处，距FBI总部以东几个街区，在唐人街的边缘。华盛顿办事处被授权全面接管对炭疽袭击事件的刑事调查，后来被称为美国炭疽案。该案中有五起谋杀。博卡拉顿市的罗伯特·史蒂文斯和两名布伦特伍德邮政工人小约瑟夫·库森和小托马斯·莫里斯是第一批死者。后来，纽约市一名六十一岁女性凯西·阮发病死于吸入性炭疽，她的暴露源一直没有确定。感恩节前一天，康涅狄格州一位名叫奥蒂莉·隆德格伦的九十四岁女性也死于炭疽，她的暴露源同样没有找到，很可能是从一封信件中吸入的一些孢子，这封邮件碰到了新泽西州汉密尔顿分拣设施的其他邮件，或因此与一封炭疽信件有了密切接触。这是一起跨司法管辖区的谋杀和恐怖主义案件。FBI称之为

184 号重大案件。

华盛顿外勤办事处由 FBI 一位名叫范·A. 哈普的助理局长执管。他手下有三名负责该办事处的特工，合称 SACs。其中一位是阿瑟·埃伯哈特，他早先曾在匡提科担任部门主管，负责 HMRU。10 月初，随着第一例炭疽死亡发生，埃伯哈特开始纠集资源——找人加入他们小组，有时还以"为了局里的需要"之名从其他部门抽调人员。一个工作小组迅速形成，最终成立了两个小分队，被称为美国炭疽案一队和美国炭疽案二队。埃伯哈特让约翰·"杰克"·赫斯负责一队，大卫·威尔逊负责二队。赫斯的小队处理大部分典型的刑侦工作，而威尔逊的小队应对调查的科学部分。基本上，解决美国炭疽案的工作就落在"杰克"·赫斯和大卫·威尔逊身上。

我第一次见到大卫·威尔逊是在 1996 年，当时我在匡提科的 FBI 学院做调研，他则刚刚被分配到 HMRU 担任特工。他是一个安静的人，不爱露脸，话不多，但像许多 FBI 的人一样，他有种一针见血的能力，好像一部分的他总是在评估事情。当时，FBI 的科学家们认为，生物恐怖袭击很难被查明，因为留下的证据可能只有体内带微生物株的死人，其余少之又少。一天晚上，我和一些 FBI 科学家在匡提科会议室喝啤酒，那是一个简陋的自助餐厅和酒吧，他们开始抛出各种关于如何真正查明生物恐怖犯罪的办法。其中大多数是高科技解决方案，涉及传感器和奇特的实验室技术，但一位名叫兰道尔·默奇的部门主管（也是 HMRU 的创建者）告诉大家，他认为，传统的侦查工作能解决生物犯罪。"归根结底，人会犯错。"默奇说。

大卫·李·威尔逊是一个四十多岁的高个子男人，肩膀很宽，手很大。他有一头棕色直发，一对深色眉毛和淡灰色眼睛，在工作中通常穿一件上浆的白色纽扣衬衫。他在田纳西州长大，从小住在祖父用杨树锯成的木板建造的农舍里，有田纳西口音。当他说话时，又快又温柔，在各种话题间游走。他有一个植物学学位，专攻海洋生物学，曾经在科考船上研究长满浮游植物的海洋的生物生产力。加入 FBI后，他被吸引到寻找微量证据的法医检查工作中。居家时，为了放松，他弹一把马丁原声吉他，弹得很精准，有着流畅的音乐感。他告诉我，他不喜欢被关注。"任何形式的专门关注，都会让我感到不舒服。"他小心翼翼地向我解释，自己只是 FBI 大型行动中的一个成员。"团队合作对这个案子至关重要，一个重大案件就像一个有机体。它几乎是活的，会根据收集到的证据而变化，并且有反馈回路。"

威尔逊在 1997 年至 2000 年期间担任 HMRU 的负责人，那几年里，被怀疑为生物恐怖的威胁或事故在数量上飙升，每年大约有两百起，或每两天就有一起。其中大多数是炭疽恶作剧。HMRU 的人整天飞来飞去，乘坐直升机或 FBI 的固定翼飞机前往美国各地，以评估炭疽威胁并收集证据。管理这个部门有点像管理一个消防队，经常发生错误出警，威尔逊有点厌倦了。特别是因为他正在试图建立一个全国性项目，然后发现自己没完没了地坐在满载生物危害设备的休伊直升机上，飞往另一场生物恐慌。他的小女儿要求父亲在他们去餐馆时不带手机，一旦他的传呼机发出哔哔哔，她就翻白眼："又来了，爸爸。"威尔逊想主抓现场调查，这样他可以研究和追查刑事案件。他最终被调到华盛顿外勤办事处。然后，美国炭疽案发生了，他们让他负责此案的科学部分。

威尔逊为美国炭疽案二队制定的办案策略包括接触全美的各种科学人才，并向所能找得的任何地方请求帮助。他和国家实验室（下属能源部）、国防部、中情局以及国家科学院和国家科学基金会都建立了联系，招募了几十名外援科学家，有化学家、生物学家和遗传学家。他请来了一位名叫詹姆斯·伯兰斯的海军炭疽专家，并请来了疾控中心的流行病学家辛迪·弗里德曼博士作为全职队员加入二队。

助理检察官肯尼思·C. 科尔搬进了位于第四街和 F 街的大楼里的一间办公室，全职参与美国炭疽案小分队的工作，就发掘可用于法庭的证据向特工提供建议。FBI 一直耿耿于怀的是理查德·朱厄尔（Richard Jewell）案，他是一名保安，被怀疑在 1996 年夏季奥运会期间安放了一枚炸弹到亚特兰大的百年奥林匹克公园。朱厄尔最终获得开释，这结果不啻一个巨大尴尬，使 FBI 看起来既无能又偏见，该案至今仍未解决。对于美国炭疽案的执行特工来说，面临的最大压力就在于他们知道，最终要面对的是陪审团。

如果有人被指控犯下美国炭疽案，科尔很可能会寻求对其判决联邦死刑。但想要在这样一桩以活微生物为谋杀武器的多重谋杀案中提出起诉，证据必须严密而清晰，对陪审团有说服力，有清晰的证明力——用警察行业的术语来说就是能够提供鉴定。不一定会有目击者的证词。这些罪行可能是由单个人单独犯下的，因此美国炭疽案可能不得不主要通过法医证据进行审判：根据科学小分队的工作。"不过，我想知道兰道尔·默奇去年的话对美国炭疽案来说是不是一个预言，"威尔逊回忆起那天晚上在匡提科会议室的情景时说，"我们只是不知道事情会如何发展，有时你只是运气好而已。有人给你打电话说：'你知道吗，我看到了一些东西。'然后你对自己说：'就是它。'"

美国炭疽案成为 FBI 有史以来最复杂的案件之一。两支调查分队占据了华盛顿外勤办事处七楼的一半。每支小分队本身规模都不大，只有大约十名左右的成员，但他们得到了分析员小组的支持，而且他们有权命令 FBI 的任何人去追踪线索或完成任务。FBI 有 25 000 人，被用来搜寻数以千计的线索，这些线索则依赖整个联邦政府许多其他人的工作。

特伦顿显然是一个需要检查的地方，FBI 特工走遍了整个区域，寻找信件寄出点，建立监控，查找可能的基地组织嫌疑人的相关线索。然而，可以继续往下查的东西非常少。威尔逊和他的小队开始钻研这个案子的科学线索。"并不是说大卫没有把这个案子往死里查，"一位前 FBI 高级官员对我说，"但基本上所有的线索，你能得到的，就只有信里面的生物材料、密封的胶带以及信件中的文字本身给出的那一点。"

匡提科的行为心理画像师开始研究这些信件的笔迹和语言。他们渐渐认定，炭疽恐怖分子是一名白人男性，独来独往，也许相当害羞，心怀怨恨，受过科学训练，并且他们觉得该名恐怖分子的母语是英语，而非阿拉伯语。一个以阿拉伯语为母语的人更有可能写下"神伟大"，而不是"真主伟大"。

11 月 16 日，在一个装满邮件的密封塑料袋中又发现了另一封炭疽信件，收件人为佛蒙特州参议员帕特里克·莱希。它是哈特大楼里被扣留邮件中的一封。莱希信件中含有大约 1 克炭疽孢子细粉，呈骨白色，处理方式与达施勒信件中的孢子相同。FBI 将这封信送到 USAMRIID，那里的诊断科学家开始分析这些粉末。

FBI 的毛发纤维分析法医专家还检查了这封信，特别是封信封的胶带。胶带是一种宝贵的法医材料，因为它可以吸附灰尘，包括头发、地毯和衣服的微小纤维。从犯罪证据中收集的法医学样本被称为质疑样本，或称 Q 样本，因为它们来自未知（"质疑"）源——这可能与罪案中的未识别罪犯有关。这些 Q 样本可与已知样本（K 样本）进行比对，后者指的是已被完全识别的参考样本。通过这种方式，能够搞清痕迹证据，将其与已知来源如犯罪者或犯罪者的环境联系起来。一根人发就是一份 DNA 质疑样本，或含有未知的人类 DNA，会被拿去和人的已知 DNA 样本匹配。毛发纤维专家可以将一个特定的质疑纤维与来自已知制造商的特定颜色和样式的纤维进行精确匹配。制造商使用不断变化的染料和材料配方，纤维有各种尺寸和形状——圆形、三角形、三叶形、椭圆形、皱纹形。FBI 在分析头发和纤维方面的顶级人选是一个名叫道格拉斯·迪德里克的部门主管，在总部实验室工作。据说迪德里克对职业生涯中可能只见过一次的那些纤维有着近乎摄影般的记忆。在工作中，他的判断如连珠炮弹。"我之前见过这个……我认识这种纤维……这是一根地毯纤维，来自一辆臭屁的 1973 凯旋邦纳维尔摩托。"如果 Q 样本能和 K 样本相匹配，就具有证明价值——它可以找到嫌疑犯，并最终在刑事审判中用于定罪。（当 O. J. 辛普森在谋杀审判中挣扎着戴不上手套时，他戏剧性地向陪审团展示了检方显而易见的鲁莽，质疑物和已知物也就是手套和他的手无法匹配。[1]）

从这些信件上面寻找 Q 样本的尝试，显然让 FBI 的法医科学家们遇到了极大困难。尽管不愿对此置评，但他们看似未从胶带上发现特别感兴趣的毛发或纤维。这一个或多个炭疽恐怖分子也许相当小心，封装信件是在没有灰尘和毛发的环境——可能是层流净化罩内。胶带条的切割边缘被发现彼此吻合，说明罪犯用同一卷胶带一个接一个贴住了装好信件的信封。他们用可以扩增微量 DNA 的 PCR（聚合酶链式反应）方法检测了信封纸上的人类 DNA。这种方法非常敏感，如果一个人朝一张纸呼吸，那么纸上就可以保留该人的 DNA 片段并被检测出来。显然，在信封或邮票上没有发现人类 DNA 质疑样本。

---

[1]　1994 年美国运动员辛普森涉嫌杀死前妻及一名餐馆侍应生的著名案件中，一只在辛普森别墅中发现的血手套成了关键证据，这只高级皮手套与犯罪现场发现的另一只被证明是一双，上面有两名死者和辛普森三个人的生物样本。然而在法庭上，辛普森挣扎了半天也很难把手套套上，于是这成了检方试图将其定罪的努力中的最大败笔之一。——译者

这表明罪犯装信时可能戴着呼吸面具。信件上也没有可疑指纹，这可能意味着罪犯戴了橡胶手套。炭疽恐怖分子似乎很小心，避免在任何信件上留下任何证据。剩下的就只有信封内的粉末以及信中的笔迹和内容了。这些显然是 FBI 所掌握的最好的 Q 样本了，但少得可怜。

11 月，微生物学家保罗·基姆和他在弗拉格斯塔夫的亚利桑那州立大学的小组合作，确定了所有炭疽信中的菌株为艾姆斯菌株。该菌株于 1981 年从得克萨斯的一头死牛身上采集，并最终进入 USAMRIID 的实验室。USAMRIID 的科学家后来将艾姆斯菌株分发给世界上其他一些实验室。通过证明信件中的菌株是艾姆斯菌株，保罗·基姆给 FBI 提供了一种不完整的或部分的 K 样本：这不是一个真正精确的 K 样本，但如果对信件中的菌株做进一步分析，可能会提供一个与艾姆斯菌株的一些已知亚株更近的匹配。艾姆斯菌株是天然炭疽。它没有在实验室里被"加热"过——没有经过基因工程改造以对抗生素产生抗性。如今制造对药物有抗性的炭疽"热"菌株是如此容易，情报人员会简单认为，所有军用炭疽菌株都具有抗药性。美国炭疽案里的菌株不是军用的，这一事实指向了一个可能，即罪犯是美国本土而非国外的恐怖分子，他也许不希望死很多人，他可能只是想引起注意。

中情局有一个名为"巴克斯"的秘密项目，雇用科学应用国际公司（SAIC）的一组研究人员在美国陆军位于犹他州的杜格威试验场工作，利用廉价的现成设备制造了一个微型炭疽生物生产厂。实验的目的是要看恐怖分子是否有可能购买普通设备来制造炭疽而不被发现。2001 年 1 月和 2 月，大约在炭疽恐怖事件发生前十个月，巴克斯小组成功地制造了粉末状的炭疽替代品 BT，但没有做精炼。现在，FBI 调查人员将大量注意力集中在能够进入杜格威的科学家身上，美国军方在那里测试各种生物传感器系统，那里有炭疽菌储备。

美国炭疽案小分队似乎接手了一个快要凉凉的案件。FBI 正在放出消息——不管准确与否——潜在的嫌疑人名单从未低于八人，实际上更像有二十至三十人。

一些谜团和未解看起来让 FBI 很困惑，包括有迹象暗示，炭疽可能是基地组织恐怖行动的一部分。2001 年 1 月，有几个人在佛罗里达博卡拉顿市附近租了公寓，就是这些人后来劫持了"9·11"袭击的四架飞机。和他们打交道的房地产经纪人，是美国传媒公司一名编辑的妻子，而第一个死于炭疽病的罗伯特·史蒂文斯就在该公司工作，不过这名房地产经纪人认为，劫机者不可能知道她丈夫在那里工作。被认为是劫持行动领袖的穆罕默德·阿塔曾在佛罗里达的几个机场询问租用农作物喷洒飞机的事宜：他显然是想从空中喷洒什么。2001 年 6 月，后来劫持美联航 93 航班（在宾夕法尼亚州坠毁）的两名男子，艾哈迈德·哈兹纳维和齐亚德·贾拉，来到劳德代尔堡圣十字医院的急诊室。哈兹纳维抱怨腿上的一处感染，急诊室医生克里斯托斯·索纳斯对他进行了检查。男子腿上有一个发黑的疮，他告诉索纳斯医生，是因为自己撞到了一个行李箱。医生认为这听起来不太可能。他给哈兹纳维开了抗生素，然后再也没有听过这两个人的消息。索纳斯在 10 月与 FBI 联系，并告诉特工们，这个疮符合皮肤炭疽病的特征。特工们显然搜查了劫持者的物品，并对它们进行过炭疽孢子拭子测试，什么都没有找到。"我们已经非正式地反复讨论过这个问题好几轮了，"匡提科的一位 FBI 人士告诉我，"我所听到的一切基本上都否认了它。"

在特伦顿，FBI 的调查人员对住在一个名为绿林村的公寓楼里的各种人产生了兴趣。他们逮捕了一个名叫穆罕默德·阿斯拉姆·佩维兹的人，电话簿上写着他住在那里。佩维兹今年三十七岁，是在巴基斯坦出生的归化美国公民，最近在特伦顿火车站的一个报摊工作，也在纽瓦克火车站的一个报摊一起工作。他与穆罕默德·贾维德·阿兹马特和阿尤布·阿里·汗是同事，后两者于9月12日在得克萨斯沃斯堡的一列美国铁路列车上被捕，当时携带了美工刀、5 000美元现金和染发剂。FBI显然怀疑他们是未能登上飞机的基地组织劫持者。佩维兹和这两人一起住在泽西市的一个公寓里，把自己的地址写成绿林村，据称他在四处转移大量的资金。FBI指控佩维兹在超过11万美元的支票和汇票的性质上向联邦调查员撒谎。公寓邻居告诉记者，他们注意到在夏天有不寻常数量的阿拉伯语人群聚集在佩维兹的公寓里，那正是9月11日之前的几个月。《华尔街日报》的一名记者设法进入这间位于泽西城的公寓，在那里他发现了从《时代》和《新闻周刊》剪下的关于使用沙林神经毒气和生物战制剂的文章。10月29日，FBI特工突击搜查了绿林村另一所公寓。八到十名特工运走了许多装满证据的垃圾袋。FBI发言人桑德拉·卡罗尔告诉记者，"9·11"和炭疽调查"不一定分开"。

但这似乎并没有什么进展。

炭疽袭击一周年前的几个月，我访问了华盛顿外勤办事处的美国炭疽案调查队。两个小分队的主管"杰克"·赫斯和大卫·威尔逊的办公室挨在一起，对面是一整层开放隔间。团队里的疾控中心医生辛迪·弗里德曼正与两名FBI特工会面，低声谈论着什么。当有人讨论案件时，他们会要求我站在能听到的范围之外。那些巨大的海报板靠在文件柜上，正好遮住视线。

大卫·威尔逊把我带到他的办公室，在那里一起吃了FBI食堂的沙拉作午餐。从窗户望出去，可以看到国会大厦的圆顶和哈特参议院办公大楼的顶部。办公室里几乎什么也没有。一张桌面上放着三个沉重的公文包，一张桌子上有一个完整的收件箱。"在可以把某人抓起来并指控他犯罪之前，我们实际上不能排除任何可能性。"他告诉我。

美国炭疽案涉及多方面的犯罪，但最根本的是谋杀。"我才不管他们寄信件时以为自己在做什么。有人死了，"威尔逊说，"坏了的设施可以维修或换掉。布伦特伍德大楼可以修缮。但死人是没法修好的。"

某天，我和一位科学家交谈，他是法医证据方面的专家，对生物学非常了解，直到最近还是 FBI 一名有影响力的主管。"大学航空炸弹客①一案花了十七年时间才破掉，"他说，"我们就是找不出这些肇事者，取得突破可能需要好几年。我说的是'他们'，我个人很难相信这是一个人干的，就是一种直觉。我没法说清楚为什么这么觉得，但如果我想保持严密操作安全的话，我在把一包炭疽寄给其他人的时候会给出操作说明，怎么装信件，怎么寄——你懂的，'别舔信封，这样弄，那样弄'。我会用 opsec 来做这件事。"

"opsec？"

"opsec——操作安全。这是一种标准的安全方法，可以让自己尽可能不被发现。一个人担任组织和指挥行动的领导，而另一个人负责执行。"执行的人是可以牺牲的。"'9·11'袭击就是用 opsec 完成的，巴勒斯坦的自杀炸弹也有 opsec 特点。他继续说："我有种感觉，到最后，它将会像我们之前遇到的一桩逃犯案那样，一名女友告发了那家伙，或是有人透露消息。我是一名法医科学家，但不幸的是，我感觉最后是传统调查来解决这个案件，而不是科学。"

---

① 一位叫做 Theodore John Kaczynski 的美国前数学教授，从 1978 年开始，用邮寄或亲自递送的方式制造了一系列自制炸弹，攻击他认为在破坏自然的人，在十七年时间造成了 3 死 23 伤。他一直逍遥法外并保持神秘，被赋予了一个 Unabomber 的称号。1995 年，他给 FBI 写了一封信，用一篇长文解释自己的犯罪动机。这篇文章发表在《华盛顿邮报》上，他的兄弟 David Kaczynski 从行文上将其辨别出来，并向 FBI 提供了这个线索。Unabomber 终于在次年被抓获。——译者

下午的埃博拉

美国科学家生物武器控制项目联合会主席、纽约州立大学帕切斯分校环境科学教授芭芭拉·哈奇·罗森伯格认为，炭疽恐怖分子是一名美国科学家。她开始在演讲中和网站上猜测恐怖分子是一名白人男子，并怀疑他是否曾在 USAMRIID 或其他政府实验室工作过。她觉得，该恐怖分子可能是为中情局工作的承包商，可以接触到有关政府参与的进攻性生物战项目的秘密信息。罗森伯格是一位身材修长的中年女性，态度强硬，不惧于说出自己的想法。她的网站浏览量很大，2002 年 6 月底，参议员汤姆·达施勒和帕特里克·莱希邀请她来会面。她非常高兴地答应了。

几天后，FBI 搜查了史蒂文·哈特菲尔博士在弗雷德里克的公寓。哈特菲尔就是那位有情有趣的埃博拉病毒研究者，曾训练丽莎·亨斯利怎么穿上太空服工作，并喜欢穿着太空服吃糖块。他于 1999 年离开 USAMRIID，去中情局巴克斯项目的执行方、国防承包商科学应用国际公司工作。哈特菲尔离婚了，离职 USAMRIID 后继续留在弗雷德里克。他只身一人住在德特里克广场的公寓里，这是一排砖砌的建筑群，紧挨着德特里克堡大门，距艾布拉姆斯坦克只有一箭之遥。从他的公寓单元望去，越过栅栏和草坪，可以看到 FBI 的直升机在研究所旁起起落落，运送美国炭疽案的证据。FBI 特工乘坐一辆租来的莱德卡车抵达哈特菲尔的公寓。（公寓经理告诉一位记者，特工们来的时候，哈特菲尔正在"国外旅行"。）他们穿上生物防护服，搜查了公寓，然后取出一些电脑设备和装着哈特菲尔物品的塑料袋，装入卡车带走了。哈特菲尔同意了这次搜查。他在佛罗里达州的奥卡拉有一个仓库，距离博卡拉顿市约 400 公里，另外还可以使用马里兰一个偏远地区的小屋。据报道，他曾要求来访者在进入小屋前服用抗生素环丙沙星。仓库离奥卡拉市一个名为梅卡米橡树的牧场不远，他的父母——诺曼·哈特菲尔和雪莉·哈特菲尔在那里饲养纯种马。

FBI说史蒂文·哈特菲尔不在此案的嫌疑人之列。他告诉记者，自己正在与当局合作，努力证明自己的清白，并坚持说绝对没有参与炭疽袭击。2002年2月，巴尔的摩《太阳报》的记者斯科特·谢恩对哈特菲尔产生了兴趣，跟他通电话，问了一些问题，然后与一些认识哈特菲尔的人交谈。一个月后，哈特菲尔失去了他在科学应用国际公司的工作。不久之后，他打电话给《太阳报》，给该报的监察专员留了言。他说："我在这个领域工作了好几年，每天一直工作到凌晨3点，为的就是对抗这种大规模杀伤性武器，但是，先生，这次我的职业生涯玩完了。"FBI对哈特菲尔进行了数次面谈，没发现什么特别不寻常的地方；美国炭疽案的调查人员也曾不止一次对若干位美国科学家进行面谈。FBI特工还对汤姆·盖斯伯特进行过测谎测试。

尽管如此，哈特菲尔的背景还是引起了调查人员的注意。"巴克斯计划缺乏成熟的监管。"一位科学家跟我说。（无论如何，它生产的炭疽菌并不像达施勒炭疽菌那样纯正。）哈特菲尔有一个秘密级别的安全许可，而且他认识肯·阿利贝克和比尔·帕特里克。在哈特菲尔去科学应用国际公司工作后不久，他和一位同僚曾委托帕特里克写一份关于在信件中邮寄炭疽的影响的研究。帕特里克曾为政府做过许多这一类研究，他假定了一个场景：在一栋办公楼内打开装有2克干炭疽孢子的信件。该研究中设定的炭疽孢子就是纯炭疽孢子。所以说比尔·帕特里克已经应科学应用国际公司和史蒂文·哈特菲尔的要求，设想过美国炭疽袭击中的关键因素。

哈特菲尔的简历提到他曾服役于罗得西亚特种空军中队和白人反游击部队塞卢斯侦察军。1979年和1980年，罗得西亚内战期间以及之后，那里的牲畜暴发了炭疽病，导致大量的牛死亡，上万人患了皮肤炭疽病，其中有 180 人死亡。据说，美国政府怀疑（或许还掌握了证据）这次炭疽病的暴发可能是由生物战造成的，发起者是特种空军中队或公民合作会，后者指的是南非的内部安全秘密特工，他们一直在使用生物战制剂进行暗杀。据报道，哈特菲尔在津巴布韦学医时，住处离一个叫绿谷的街区只有几公里。而达施勒参议员信件寄信地址写的是绿谷小学四年级。

在 FBI 以刑事搜查令再次搜查他的公寓后，哈特菲尔的一名律师维克多·格拉斯伯格给协助美国炭疽案的助理检察官肯尼斯·科尔写了一封充满愤怒的信，提出 FBI 在对待哈特菲尔上做出了"不当的决定"，鉴于哈特菲尔在尽其所能地与 FBI 全力合作。他说，他正"与哈特菲尔博士一起想办法如何处理出现在媒体、电视和互联网上关于他的一连串诽谤性报道"。此后不久，史蒂文·哈特菲尔在他的律师办公室前向媒体宣读了一份声明，有力地为自己辩护，说自己是一个忠诚的美国人，热爱自己的国家，并抨击了"向媒体蓄意泄露"有关他信息的做法。"这些做法能让我们找到炭疽凶手吗？"他说，"就算我是一个被关注的对象，但我也是一个人。我有自己的生活。我有，或者说我曾经有，一份工作。我需要谋生。我有家庭，就在不久前，我还有一份声誉，一个职业，和一个光明的职业前景。"

1999 年，赶在他离职 USAMRIID 的几个月前，我就认识史蒂文·哈特菲尔博士并采访了他。他在病毒学部门工作，研究埃博拉和猴痘，和彼得·耶林团队有密切联系。他用一间很小的无窗办公室，大白墙，没什么装饰，但他的存在却让整个房间满满当当。哈特菲尔生气勃勃、令人愉快、头脑敏锐，富有幽默感。他四十五岁，有一张好看的脸，棕色的头发，修剪整齐的棕色胡子，深蓝色的眼睛。他很壮硕，但看起来身材匀称。我坐在一角的台面上，他坐在房间中央位于办公桌旁的一把椅子上，向后靠着，抬头看我，跟我讲述了一些他的生平。

"我在军队里待了二十年，"他说，"是美国特种部队的一名上尉，呆过罗得西亚——津巴布韦①——但我不能说呆在那里做什么。我在罗得西亚上了医学院，1984年毕业。我有两份简历，一份机密的和一份非机密的。我见过各种病。在罗得西亚见过一次炭疽病暴发。"他接着说，公民合作会被指责是炭疽病的肇事者，但他认为这不太可能。"那次不是因为生物武器，那是一次自然暴发，因为当时正在发生一场严酷的恐怖主义战争，兽医卫生系统也崩溃了。"

他在 USAMRIID 做研究的日子很开心。"还有什么地方能让你上午弄猴痘，下午弄埃博拉呢？"他解释说，自己正致力于研制天花抗病毒药物，和丽莎·亨斯利以及彼得·耶林的探索方向类似。和他们一样，他把天花视为头号威胁，并想找到某种方法来测试和开发对天花有效的药物。他有一个构想，就是在机器帮助下，直接在人体组织上测试天花和药物。

哈特菲尔的办公室里放着一些小设备，都是我不认识的类型。哈特菲尔是个工具小能手。他拿起一个玻璃瓶递给我，大约有苏打水罐头那么大，两端是金属的。"看一下这个。"

我接过来，但我不知道它是什么。

"这是一个生物反应器，叫 STLV，美国宇航局开发的，你可以在里头培养人体组织，然后感染它们。"他解释说，使用这种设备，你可以测试针对天花和其他外来疾病的新药，从伦理上来说，这些疾病无法用人体进行测试。换言之，你不一定要在动物身上测试天花——也许在机器中就可以了。对于找到治疗天花的药物这一点他很

---

① 罗得西亚1980年改名为津巴布韦。——译者

乐观，他觉得机器会加快发现速度。"你可以在这玩意儿里放一点扁桃体组织，它真就给你长一个扁桃体出来。"他说。

"生物反应器里长出一个扁桃体？"

他咧嘴笑了。"你会得到一个扁桃体。组织结构都保留着。"

"能长出一根手指吗？"

哈特菲尔爆出一阵大笑，他说有一天我们可能真的会在生物反应器中培育身体的备用器官。他解释了它是如何工作的。"你要做的是，从身体上收集组织，把它切碎。可以用的有前列腺组织、肺组织、肝脏、淋巴、脾脏这些。把组织碎片放进反应器，装满培养基。然后把生物反应器放在一个马达上转。"他转动手中的设备，做了演示。"转的时候，这些组织就很好地分布到整个反应器，血管也开始分布到各个地方。然后加入埃博拉病毒，就可以做药物测试。我现在有四个这样的装置在四级实验室里运行。"他还补充说，他在高危实验室里有另一台设备，看起来像"《星际迷航》中的东西"。他正在用它对感染了猴痘的猴子血液进行测试。

哈特菲尔有种强烈的感觉，生物恐怖事件会在某一天发生，并且非常严重。他带我到大厅去看一个生物恐怖应急储藏室。房间里摆满架子，上面放着一箱箱安全装备、面罩和便携式雷卡太空服①。"如果一个城市受到大面积攻击，"他说，"三分之一的人会试图逃走，所以你没法从公路进入城市。可以做的是在火车上囤积紧急物资。我们设想的系统有 27 列火车，这样能应对 2 万名伤亡人员。你知道这是什么吗？"他向我展示了另一个小工具，挺大个，一种带管子的马达，搁在一个生物危险品担架旁。"那是移动式防腐泵。"他解释说，

---

① 雷卡（Racal）太空服是一种带有动力空气净化呼吸器的防护服，用于疏散高传染性疾病患者。——译者

USAMRIID 的应急计划人员手头有一个，用于对受害者的尸体消毒。他说："一旦你被喷了福尔马林，就不再具有感染性了，我们可以给你提供某种像犹太-基督教的葬礼①。"

　　史蒂文·哈特菲尔关于自己的一些说法没有得到证实：军方说他未曾在美国特种部队服役。在至少一份简历中，他声称拥有南非罗德斯大学的细胞生物学博士学位，然而那里的官员坚持说他从未获得过该机构的博士学位。1999 年，在他为科学应用国际公司工作期间，他获得了保密级别的国家安全许可。然后，在 2001 年，他申请更高等级的许可，因此又接受了一次背景调查。2001 年 8 月，政府突然取消了他所有的安全许可，也就是在炭疽信寄出的两个月前。

　　微生物学家是博物学家，和各地博物学家一样喜欢收集有趣的生物样本。他们可以积累大量不同的微观生命形式的藏品，通常有自己的冷柜和自己的小瓶私人标签系统。当一个研究人员退休、死亡或换工作时，他或她的冷柜通常会被撂在那里，只要插了电源并运转，里面不管什么东西都将继续存在。主人不在了，冷柜就只能无人关注地成为一个神秘的冷柜。2002 年 8 月的一天，有人注意到在 USAMRIID 的 AA5 高危埃博拉套间里有这样一个冷柜。史蒂文·哈特菲尔博士在那里做博士后时曾使用过这个冷柜。里面有许多小瓶和他一直研究的病原体样品。一个 HMRU 小组穿上太空服，进入 AA5，在哈特菲尔冷柜周围贴上证据胶带，并把它带出高危区，放入一个密封的生物危险品容器运到疾控中心，放置在那里的高密闭实验室。

---

① 指的是可以下地埋葬。——译者

试验后果

炭疽事件期间，丽莎·亨斯利一直埋头于她的天花数据。没人从FBI打电话找她或给她做测谎检查，对此她感到怪怪的失望。她没有参与USAMRIID的炭疽调查。与此同时，科学界已经开始听到一些传言，说彼得·耶林和他的团队在猴子身上重新制造了天花，而且耶林有计划就此写一篇论文。D. A. 亨德森目前在美国政府内部工作，他显然对这项猴子试验不满意，但他不能公开发表意见，因为政府的官方政策就是开发传统疫苗的替代品。

亨德森认为做好传统疫苗储备足以应付危机。他和疾控中心官员一起制订了一项全国性天花应急计划，将为受影响人群进行环固疫苗接种，如果这项措施失败，那么所有能够耐受疫苗的人都将接种。同时，美国公共卫生服务局（疾控中心的上级部门）将在城市周围实施隔离。国民警卫队极有可能参与其中，因此该计划包含戒严部分。

当亨德森从约翰·霍普金斯大学公共卫生学院院长的位置上退休后，接替他的是一位流行病学家阿尔弗雷德·萨莫尔博士，后者在天花根除项目期间曾在疾控中心的流行病情报部门工作。1970年，旋风袭击了博拉岛，拉里·布利特和瓦维·格雷维前往那里想要提供帮助，而萨莫尔已经在那里了。他碰巧随疾控中心驻扎在孟加拉国，最后他在恒河三角洲的一个丛林岛屿地区组织了援助，该地被称为松德班，离博拉岛不远。他开创了一些最早的流行病学灾害评估技术，这些方法现在被广泛用于监测自然受灾人群的发病。

不久之后，孟加拉国赢得了独立，从巴基斯坦分离出来。这场内战带来了一千万难民，生活在印度境内的难民营中，那里暴发了天花。萨莫尔在难民营中与天花斗争了两个月，他常常是现场唯一的医生。"当时只有我和几千个天花病人，这意味着有 500 到 800 例死亡。"他发现，当地的墓地是追踪病毒动向的好地方。"在孟加拉国，人们会埋葬死者，而不像在印度那样火化，"他说，"他们始终知道某人何时死于天花。"他研究了墓葬登记，从中可以看到病毒一代代的兴衰，利用这些信息确定了在哪里建立一个接种环。如今，萨莫尔在办公室墙上挂着世卫组织颁发的证书，写着他参与了根除行动。他对此感到的自豪不亚于拿过拉斯克奖——对维生素 A 缺乏症和失明的研究，让他获得了这个医学界最负盛名的奖项。

2002 年 1 月的一天，萨莫尔在巴尔的摩的汉密尔顿街俱乐部吃午饭，那里经常有记者和文学界人士光顾。巴尔的摩《太阳报》的一位编辑给他看了前一天的头版文章，关于彼得·耶林及其在疾控中心的天花工作。这位编辑问道："USAMRIID 的人正在用天花杀死猴子，而且他们对此很得意。阿尔，你有什么看法？"

萨莫尔记得他的反应是："抱歉，什么鬼？"他盯着报纸，不敢相信自己看见的东西。"我肝儿都颤了，"他说，"如果我们在根除行动几年后就销毁库存，本来是可以完全根除天花的。而现在，彼得·耶林在为他可以用天花杀死这些猴子而感到高兴。我快疯了。"萨莫尔第二天一大早要去泰国旅行，但他匆匆为这家报纸赶了一篇专栏文章。

文章是这样开头的："一个人不必是勒德分子①就能认出一个白痴——那些为自己能够用天花感染猴子……而沾沾自喜的政府科学家是最糟糕的白痴。"萨莫尔说，编辑们想让语气缓和下来，所以删掉了下面这句："我不确定他们是杀人的白痴还是自杀的白痴。"

---

① 工业革命时期，许多工人认为机器是自己失业或贫困的根源，用捣毁它们的方式来表达抗议，这些破坏机器的人被称为"勒德分子"。在现代，这个词被更广泛地用来描述各种新科技的反对者。——译者

他觉得耶林团队所进行研究的最大危险性在于，这在其他国家看来很可疑，并会鼓动他们做自己的试验。"我们可能会引领一场天花上的军备竞赛，人们会想：'你们可能在搞天花生物工程，那么我们也要搞。'而且我认为天花生物工程并不难，"他接着说，"我的病毒学家朋友总是在对病毒进行生物工程。我可以看到生物工程天花毒株落到恐怖分子手中的可能，这是我的担心。接下去要是我们受到天花恐怖袭击，天花对疫苗又没有反应，我们就有麻烦了。"他希望美国和俄罗斯一起销毁他们的库存，并联手在世界范围内搜寻散落的天花库存，利用一切努力说服其他国家销毁这些库存。他想激起国际上对任何天花保留国的道德厌恶，把这个恶魔赶出去。"这仍然让我感到愤怒，"他说，"我们让天花感染那些不可能自然感染的动物，美其名曰为了保护人类，可人类上一次得天花还是在 1978 年，今天没有人会自然感染天花。这事让我想一遍就气一遍。"

炭疽袭击发生两个多月后，我去亨德森在巴尔的摩的家中拜访他，下午晚些时候，带着烟熏三文鱼和一瓶林克伍德麦芽威士忌赶到。娜娜·亨德森给三文鱼撒上柠檬、洋葱，端上客厅的一张桌子。他们的儿子道格，现在是一名作曲家，也在那里。道格十几岁时曾与父亲一起旅行，并亲自为许多人接种疫苗。在冬日下午凉爽干燥的阳光下，我和亨德森一家斟了几杯林克伍德，开始品尝三文鱼。亨德森谈到人们为什么会加入根除行动。"他们中有些人是在寻找自我，有些人是带着一种'要是你能结束这种疾病'的想法参与进来的。"天空开始变暗。平台上摆着几盆死去的百里香，银色，干燥。"天花是我们知道的唯一存在神祇的疾病，"他说，"它是最糟糕的人类疾病。我不知道还有什么能差不多跟它一样糟。"

过了一会儿，谈到彼得·耶林用天花病毒感染猴子的工作时，亨德森说他对这样做能不能获得新药或疫苗并不乐观。"我们需要做这项研究吗？有一些科学家觉得这很重要，应该继续。但它真的会起作用吗？彼得·耶林给猴子注射了大剂量的病毒，但这对测试新疫苗并没有什么帮助，我们真正需要的是给猴子一定的吸入剂量来测试疫苗，因为人会吸入病毒。"他听起来很泄气，对这场销毁天花公共库存的斗争感到情绪低落。他为政府工作，而政府的政策是找到天花的新疗法，这意味着要用天花做试验。他说，在销毁已有天花库存的问题上，他尽量压制了自己的情绪。"现在处于中立状态，"他说，"我没有必要进入没有胜算的斗争。我在配合他们的工作，让他们继续研究。"亨德森甚至建议彼得·耶林在猴子身上尝试一种非洲天花毒株，刚果8号，它可能看起来更像人类天花。他对耶林说："如果成功了，彼得，你得让我署名。"

"等到这次天花研究进行到某种可观的程度时，我会重新考虑销毁的问题，"他说，"这个问题应该被重新讨论。"

他感谢我那天带去的烟熏三文鱼。"它真的很大只，我想知道，这是一种新的转基因三文鱼吗？给三文鱼添加一个基因，或者对实验室中的任何生物这么做，都是很简单的。所以人们会把实验室中的生物改造得更危险吗？会的，他们会这么做。而且会有意想不到的危机出现。"

2002年4月30日，一个传染病传播专家六人小组在约翰·E.福格蒂国际中心的会议室里开保密会议，该中心位于马里兰贝塞斯达的美国国家卫生研究院。每一位专家都被要求从少量感染者开始，建一个天花在美国传播的模型。其中一位专家——疾控中心的马丁·梅尔策博士发现，使用传统疫苗进行环围接种可以轻松控制天花。他认为，这种病毒在人群中传染性不强，不太可能传播得很快或很远。其他五位专家尽管彼此意见不一，在某些观点上针锋相对，但总的来说，他们一致认为天花会广泛而迅速地传播。这些人彼此进行了激烈的争论（正如科学家一贯所做的那样），但最终，没有一位专家能够——让其他专家也满意地——预测天花的行为。"我们的总体结论是，天花在没有免疫的人群中是一种毁灭性的生物武器，"其中一位与会者说，"如果你看一下1972年南斯拉夫疫情暴发的真实数据，会发现病毒的乘数是10，第一个感染者平均又感染了十个人。基本上，如果你没有在第一个感染天花的男人亲吻他太太之前把他抓住，它就会失控。我们或许要面对数十万人的死亡。它将彻底关闭国际贸易，它会让'9·11'看起来像小菜一碟。天花能让整个世界下跪。"会后，美国国家卫生研究院的官员告诉专家们不得公开他们的发现。

超级痘

陈博士的病毒

一个个悬而未决的问号笼罩着天花，不仅是环围疫苗接种在发生天花恐怖袭击的情况下是否有效的问题。更令人不安的问题是分子生物学将如何影响天花的未来。世界各地的实验室都在使用痘病毒，正因为它们很容易制作。这一制作过程的商业套件不需要很高成本就可以获得。我们不应忘记，伊拉克病毒武器项目的主任哈泽姆·阿里博士是一位在英国接受过培训的痘病毒学家，可以想见，他并不是世界上唯一拥有生物学高级证书的专业生物武器专家。

由罗恩·杰克逊和伊恩·拉姆肖领导的澳大利亚团队将 IL-4 老鼠基因放入鼠痘中，创造了一种似乎能突破老鼠免疫屏障的超级痘。它在人身上是无害的，但在接种过疫苗的老鼠身上似乎破坏性极大。

生物恐怖计划者想知道：如果人的 IL-4 基因被放入天花中，它是否会将天花变成一种超级变异病毒，从而对接种过的人造成破坏？杰克逊-拉姆肖病毒是一束细长的、照耀未来黑暗景象的光，它显现了未来病毒武器的模糊轮廓。

当一个实验给出一个结果时，科学家们做的第一件事就是尝试重复这个实验，看是否能得到相同的结果。科学方法的本质在于可重复的结果：如果你以同样的方式进行实验，大自然会再次做同样的事。

这是科学的核心，也是发现自然界中可观察现象的标志。杰克逊-拉姆肖实验的结果会得到证实吗？痘病毒能否通过基因工程实现对疫苗防护的突破？

2002年初的一天，我把车停在圣路易斯市中心的一个社区，沿着一条不平整的人行道向圣路易斯大学医学院走去。这个社区看起来不起眼，但很整洁，住的大部分是非洲裔美国人。有一些联排住宅，门廊紧靠街面。其中几个门廊上挂着美国国旗，有的则展示在窗户上。医学院是一座庄严的新哥特式砖瓦建筑，装饰着粉色的中西部砂岩，在冬日阳光下闪耀着温暖的光芒。

外墙进去是一个混凝土的堡垒式结构，五层楼高，带小窗户，这里就是研究实验室所在地。四楼的一排房间里，一位名叫马克·布勒的痘病毒学家正带领着一群研究人员进行鼠痘病毒和疫苗的实验。他们在工作中主要使用老鼠——生物医学研究的标准动物。关于我们免疫系统如何工作的大多数重要发现，最初都来自在老鼠身上做的实验。

马克·布勒是一个五十多岁的男人，高个、瘦长、谦逊，拥有加拿大和美国双重国籍，留着卷曲的黑发、黑胡子，圆框眼镜背后有一双聪慧的棕色眼睛，嗓音带着一种诱人的加拿大人的温柔。他成长于不列颠哥伦比亚省的省会维多利亚市。此人经常穿着尼龙防风裤、T恤和跑鞋在实验室里走来走去，办公室墙上挂着一件备用外套和一条领带，以备召开重要会议时穿戴。布勒在痘病毒学家中很有名气，也很受尊重，尽管他似乎有意避开聚光灯。"我的人生目标是在阴影中占据重要位置。"他对我说。

布勒一开始从彼得·耶林和理查德·莫耶那边听到了关于杰克逊-拉姆肖实验的很多消息。该实验刚发表后，莫耶特别发出了警告，他悄悄地对布勒说，要么他要么布勒应该尝试重复这项实验。澳大利亚天花专家弗兰克·芬纳曾建议杰克逊和拉姆肖发表他们的研究成果，部分理由是没有人会真的制造 IL-4 天花，因为它可能破坏性太大，甚至是自杀性的。但想想看，"9·11"都发生了，基因工程天花被释放到美国也似乎并不是那么不可能。

布勒决定制造一个 IL-4 鼠痘，看它会不会穿透疫苗。他想弄清楚人类 IL-4 天花是否会成为超级病毒，如果会的话，什么样的疫苗接种策略可以对抗它。那天，来到布勒实验室时，相关实验正在进行中，我想把一个基因工程超级痘握在手心，感受一下现代生物学的潮流正将我们带向何方。

马克·布勒坐在办公桌前，向后靠着，双手抱在脑后。他的办公室里堆满了书和论文，地板上放了一张运动垫。墙壁有块白板，女儿梅根在上面画了一幅漫画，把他画成一个科学怪人，戴着可乐瓶底似的厚眼镜，毛茸茸的胡子，衬衫口袋里插了一排钢笔。

"如果发生天花病毒的生物恐怖释放，目前的主要策略是环围接种，"他说，"为了让环围接种发挥作用，疫苗必须能阻止人们患上严重的天花。可一旦表达 IL-4 的天花能阻断人们的免疫反应，该怎么办？"

布勒小组将制造四种不同的基因工程鼠痘病毒株。它们都含有 IL-4 基因，但彼此之间略有不同。其中一个将与澳大利亚团队制造的几乎相同。"我们想了解 IL-4 基因在鼠痘中的作用，"他说，"每次当我试图对大自然母亲做出预测时，总发现自己是错的。"

他的实验室是一排有白色地板和杂乱黑色柜台架子的房间。四五个人操作着不同项目，相当拥挤。某个角落里，在一扇窗下，科学家陈南海的病毒工程正在进行之中。他在一个约 91 厘米长、46 厘米宽的实验柜台前工作。病毒工程不需要占用太多地盘。鼠痘病毒，即使是基因工程鼠痘，对人类也是无害的，因为它们根本无法在人体内生长，所以这项工作对房间里的人来说是安全的。

陈南海是一个三十多岁、安静的男人，成长于上海附近一个叫红星农场的集体企业。他父亲是在那里工作的农民，他几个姐妹仍然住在那里。高中时，陈确定了自己喜欢的生物学方向，他后来在北京的中国预防医学科学院病毒学研究所得到了职业生涯的快速提升，该研究所可能是中国最顶级的病毒学中心。他成了牛痘病毒 DNA 方面的专家。马克·布勒把他从中国聘请过来。

陈南海剪着毛茸茸的平头，操作时手速很快，戴了副金属框眼镜，举止拘束。他的妻子白宏东也是一名分子生物学家，两人给孩子起了美国名字，凯文和史蒂文。陈南海只穿两套衣服，一套冬天穿，一套夏天穿。他的冬装是蓝色棉质毛衣、蓝色便裤和白色跑鞋。在陈改造老鼠超级病毒的过程中，我和他一起呆了几天。"制造这种病毒并不难，"有一天他对我说，"你可以学学怎么做。"

在实验室中被改造的病毒被称为重组病毒，因为它的遗传物质——DNA 或 RNA——有来自其他生命形式的基因。这些外来基因通过重组过程被插入病毒的遗传物质中。它也被描述为"构建"病毒，因为病毒是由基因密码的片段和部分组成的，它是一种设计师病毒，具有特定目的。

DNA 分子的形状像一个扭曲的梯子，上面的梯级——核苷酸——可以容纳大量信息，即生命密码。基因是一小段的 DNA，通常大约有 1 000 个字母长，它包含了一种蛋白质或一组关联蛋白质的配方。一个生物体遗传密码的总集合——它的全部 DNA，包括它的所有基因——就是这个生物体的基因组。痘病毒的基因组在病毒中算是很长的，通常包括 15 万到 20 万个字母，形成一个像意大利面条打成的结，卡在痘病毒粒子中心的哑铃结构里。痘病毒基因组有大约 200 个基因，也就是说，痘病毒粒子有大约 200 种不同蛋白质。其中一些被锁在粒子的桑葚结构中。其他蛋白质会被痘病毒粒子释放出来迷惑或破坏宿主的免疫系统，从而使病毒更容易自我扩增。痘病毒会专门释放扰乱宿主控制系统的信号蛋白，例如，昆虫痘病毒释放信号，使受感染的毛虫停止发育，长成一个装满病毒的袋子。

人类基因组盘绕在人体中每个典型细胞的染色体中，由大约 30 亿个 DNA 字母组成，或者说可能由 4 万个活跃的基因（没有人能确定人类 DNA 中有多少活跃的基因）组成。这些字母将填满 1 万本《白鲸》，人比痘病毒要更复杂。

IL-4 基因掌握着一种叫做白细胞介素-4 的普通免疫系统化合物的配方。白细胞介素-4 是一种细胞因子，通常会在适量的情况下刺激产生抗体，帮助一个人或一只老鼠抵御感染。如果 IL-4 基因被添加到痘病毒中，它将导致病毒制造 IL-4，开始向宿主的免疫系统发出令其感到困惑并开始制造更多抗体的信号。与此相冲突的是，如果抗体太多，另一种类型的免疫力就会下降——细胞免疫。细胞免疫由多种白细胞提供。一个死于艾滋病的人，他或她细胞免疫的一个关键部分（CD4 细胞数量）就是被艾滋病毒感染所摧毁的。基因工程鼠痘似乎在老鼠最需要这种免疫力来抵御爆炸性痘病毒感染之际，在它们身上产生了一种类似艾滋病的即时免疫抑制。一种能在人体引发艾滋病样免疫抑制的改造天花病毒可不是开玩笑。

要做出一个构建病毒，你需要从一本"食谱"和一些标准原料开始。陈的实验基本原料是一小瓶冷冻的天然野生型鼠痘病毒，就放在他工作区拐角处的一个冰箱里。另一个基本原料是老鼠 IL-4 基因。

可以这么说，陈的"烹饪"方法是将这种基因剪接到痘病毒的 DNA 中，然后确保产生的构建病毒能按预期的那样工作。

陈通过互联网订购 IL-4 基因，花了 65 美元，于 2001 年 11 月通过平邮寄到马克·布勒的实验室。它来自美国模式培养物保藏所（American Type Culture Collection），这是一个位于弗吉尼亚马纳萨斯市的非营利机构，那里保存着微生物种株和常见基因。寄过来的基因装在一个带螺旋盖的小玻璃棕瓶里。瓶子里是一撮棕褐色的干细菌——大肠杆菌，生活在人类肠道中的细菌。这些细菌含有被称为质粒的额外 DNA 的小环，而质粒中含有 IL-4 基因。IL-4 基因是一段很短的 DNA，只有大约 400 个字母长，它是医学研究中最常用的基因之一。迄今为止（这本书出版的时间为 2002 年），已有超过 16 000 篇关于 IL-4 基因的科学论文发表。

病毒基因工程改造的"标准食谱"是约翰·威利父子出版公司出版的一个四卷活页装系列，封面为鲜红色，名为《现代分子生物学实验指南》。陈南海把我带到实验室的一个架子前，抽出这套书的第三卷，打开第四节，16.15 号方案，它准确地描述了如何将基因插入痘病毒。如果有人把 IL-4 基因插入了天花，他们很可能是按照这本书来做的。"这东西的使用没法进行划分，"陈说，一边用手指摩挲着指南，"以前没人想到可以用来制造武器。唯一困难的部分是获得天花。如果有人搞到了天花，想完成基因工程，他所需要的其他所有信息都是公开的。"

"你个人担心基因工程的天花吗？"

"是的，我担心，"他回答道，说话时捧着打开的书，"我上周和在中国的导师谈过。他姓侯，侯博士，是中国非常有名的病毒学家。他告诉我，俄罗斯人有一种经过基因工程的武器级的天花。我导师没有说他是从哪里得知的，但我认为他有很好的信息渠道，而且我认为这很可能是真的。三十年前，世界各地都有天花。今天它也可能在任何地方。在冷柜里保存一点天花不是难事。"

为普通读者着想，我将略去陈工作中的微妙之处，但制造生物"原子弹"的配方概要就在这几页中。我会犹豫是否将其发表，但实际上它已经为生物学家们熟知，只是其他人还不知道。制造超级痘病毒并不需要一个多么厉害的科学家。不过，你确实需要训练，而且病毒基因工程有一种微妙的艺术。一个人有了经验积累会在这方面做得更好。它需要手上的技能，随着时间推移，你会越做越快。陈觉得，只要有一点运气，他就可以在大约四个星期内设计出任何一种典型的构建痘病毒。

陈拿了一小棕瓶含有 IL-4 基因的干细菌，把它放入小瓶培养。然后，他向里头添加了一种能把细菌打碎的洗涤剂，放入离心机里转。细菌胞体碎片被甩到了试管底部，但 DNA 质粒环仍然悬浮在液体中。他将这种液体通过一个微型过滤器，携带 IL-4 基因的 DNA 被拦截下来，最后得到了几滴透明的液体。

接下来，陈将一些被称为启动子和侧翼序列的 DNA 短片段拼接到质粒环中。他基本上通过添加液滴来完成这一工作。启动子会向一个基因发出信号，让它开始制造蛋白质。当基因工程鼠痘病毒在细胞中复制时，不同的启动子将使该毒株以不同数量、在病毒生命周期的不同时间来表达 IL-4 蛋白。

下一步，是使用一种称为转染试剂盒的基因工程工具将工程 DNA 插入病毒中。转染指的是将外源 DNA 导入活细胞。转染试剂盒本质上是一个装满试剂或生化混合物的小瓶，一瓶价格不到 200 美元，你可以通过邮件从多家公司订购。陈南海使用的是来自英杰生命技术公司的阳离子脂质体 Lipofectamine 2000 试剂盒。

陈在一个井穴板中培养猴子细胞，然后用天然鼠痘病毒感染它们。他等了一个小时，让病毒有时间附着到细胞上。然后他加入已经和转染试剂混合在一起的 IL-4 DNA，又等了六个小时。在这段时间里，IL-4 DNA 被吸收到已经感染了鼠痘的猴子细胞中。以某种方式，IL-4 DNA 进入了一些鼠痘病毒颗粒，该基因最终出现在鼠痘病毒的 DNA 中。

陈接下去还有很多天的工作要做，因为他必须纯化病毒株，这是病毒基因工程艺术中的一项核心技术。

一个病毒是非常非常小的，挪动它的唯一方法是挪动被它感染的细胞。生长在井穴板底部细胞层中的痘病毒会杀死细胞，形成一个一个死细胞点。这些斑点就像一片瑞士奶酪上的洞，它们被称为斑块。你可以用移液管移走死去或正在死去的细胞。从这个斑块上出来的细胞将含有一种纯病毒株。

"你想做一些拣斑块的工作吗?"有一天，陈这么问我。他把我带到他工作区后面的一个小房间里，那里有几个实验室通风橱，几个恒温箱（维持细胞培养物存活的可加热箱），以及，藏在角落里的一个双目目镜显微镜。

陈戴上一副乳胶手套，打开一个恒温箱的门，滑出一个井穴板。它有六个孔，红色的细胞培养基闪闪发光，底部覆盖着一层活细胞。他拿着井穴板走过房间，放在显微镜的载物台上。你可以肉眼看到细胞层上的洞。这些细胞已经被一种 IL-4 基因工程鼠痘病毒株所感染。

我在显微镜前坐下，陈递给我一支移液管，它有一个圆锥形的塑料尖端，上面有一个孔，就像一根非常细的吸管。你可以把拇指放在移液管的一个按钮上，揿下去就能取出少量液体，然后放到其他地方去。

我开始觉得有点奇怪。我们在处理一种基因工程病毒，但除了橡胶手套，什么都没戴。"你确定它没有传染性？"

"是的，它是安全的。"

我用显微镜看着生长在井穴板底的猴子细胞地毯。每个细胞都像一个煎蛋，中间的卵黄是细胞核。我开始在地毯上寻找病毒生长的地方。

"找不到任何斑块。"我说，开始移动井穴板。突然间，一个巨大的洞出现了。一个感染区，富集着基因工程病毒，里面的细胞正在死亡，并聚集成样子很恶心的球。这些细胞感染了基因工程痘病毒。

我用右手拿着移液管，把吸头插进井穴板里。"看不到尖头了。"我说，拿着它在井穴里戳来戳去。

我正在破坏陈小心翼翼完成的作品，但他没发表意见。然后移液管的尖头进入了视野。它看起来像一个地铁隧道的入口。

"你需要把细胞刮下来。"陈说。

我把尖头来回移动，在生病的细胞上蹭着，按下按钮，一些细胞被吸入移液管。陈递过来一个小瓶，我把弄下来的基因工程痘病毒斑块放了进去。"我不认为我会成为一个优秀的病毒学家。"

"你做得很好。"

制作四种基因工程鼠痘病毒株花了五个月的时间——这项工作非常艰苦，陈不得不检查以及重复检查过程中的每一步。他认为，每种毒株的实验室消耗品总成本约为 1 000 美元。病毒改造比二手车便宜，尽管它可能为一个国家提供一种像核弹一样可怕的武器。

是时候用基因工程病毒感染一些老鼠看看它会起什么作用了。鼠群养在医学院顶楼的一个生物安全三级房间里。马克·布勒和我穿上了手术袍、靴子，戴上发罩和乳胶手套。我们推开一扇铁门，进入一间小渣砖屋，在玻璃门后面的架子上，那里有数百只老鼠住在透明的塑料箱。这些老鼠长着黑毛，是一种被称为黑6的纯种实验鼠，对鼠痘有天然的抵抗力。

布勒打开一些盒子，取出其中的老鼠，把它们放入一个装有麻醉剂的罐子。老鼠们睡了过去。他用手抓住一只，用注射器针头扎进它的脚，并注射了一滴透明液体，一次一只。液滴里含有大约10个IL-4基因工程鼠痘病毒颗粒，剂量很低。

七天后，我的电话一大早就响了。是马克·布勒打来的。实验室的一名技术人员刚刚检查了这些老鼠，他说，其中一些老鼠身体弓了起来，脖子上的毛乱蓬蓬的。"它们会发展得很快。"他说。

第二天早上，布勒、陈和我戴上手套，穿上手术袍，走进老鼠房。那里有两箱死老鼠。两个IL-4鼠痘毒株已经干掉了自然抗性老鼠。死亡率100%。

布勒把一个箱子搬到通风橱中打开，只见死去的老鼠们蜷缩着身子，毛发蓬乱，眼睛紧闭。这显然不是自然鼠痘的威力，它们根本不会让黑6品系的老鼠出现明显的病征。

"哇噢，哇噢，"陈说，"它们都蜷起来了。这种IL-4的效果很有意思。真是一种强大的病毒。我真的很惊讶。"他没想到他的病毒能消灭所有被感染的老鼠，这让他既感到不安，又感到兴奋。

"这种病毒在如此低的剂量下就能快速杀死老鼠，的确令人印象深刻。"布勒说。

我坐在通风橱前的一把椅子上，凑到布勒身边往里面瞥。他伸手进去，从一个盒子里拎出一只死老鼠，将这个生物握在戴着手套的手上。没有老鼠，就没有许多疾病的治疗方法，死去的老鼠们拯救了许多人的生命，但他手中的这只并不让人安心。

布勒向我展示了解剖老鼠的标准方法：用剪刀划开肚子。接着他又用剪刀撑开腹部，看看鼠痘到底做了些什么。

病毒摧毁了老鼠的内脏器官。脾脏变成一根肿胀的血肠，巨大（对于老鼠的脾脏而言）到把这只老鼠的大部分腹部都填满了。它布满淡淡的灰白色斑点，布勒解释说，这是感染了鼠痘的老鼠器官的典型外观。那些打开出血性天花病死者身体的医生，在死者器官中也看到过同样的混浊。他用剪刀头把老鼠的肝脏拽了出来。在基因工程病毒的破坏下，它变成了锯末色。由于血液中进入了 10 个构建病毒粒子，这只抗痘老鼠不再有活命的机会。

有两种方法可以给老鼠接种鼠痘。一种是用天然鼠痘感染它。当它恢复过来以后（具抗性的品种在感染后能自行恢复），就会有免疫力。另一种是用天花疫苗——也就是说，用牛痘感染老鼠，它对鼠痘的免疫力也会提高，就像人在感染牛痘后对天花的抵抗力会提高一样。

马克·布勒和他的团队开始在接种过的老鼠身上测试 IL‐4 鼠痘，却得到了奇怪的结果，那就是无法完全重复杰克逊‐拉姆肖实验。他们发现，用天然鼠痘接种的老鼠对 IL‐4 鼠痘彻底免疫——它们终究没有突破老鼠的免疫屏障。这非常令人鼓舞，也与杰克逊‐拉姆肖实验出现了部分矛盾。但在做针对疫苗接种的初步实验时，他们开始看到一些更令人不安的东西（实验正在进行中，布勒还不能报告任何真正的发现）。似乎 IL‐4 鼠痘可以突破天花疫苗，杀死之前接种过疫苗的老鼠。但新近完成的牛痘接种，仍出现了抵御功效。这表明，一种基因工程制得的 IL‐4 天花或许能突破人体免疫，但在最近（可能就几周内）接种的情况下，则不能突破。

听起来，布勒并不认为世界末日即将来临。"我们的工作显示，你可以找到一种方法，成功地为老鼠接种，以抵抗基因工程鼠痘，"他对我说，"即便 IL‐4 天花病毒可以击穿疫苗屏障，我还是觉得可以开发一些药物来消除这种威胁，让恐怖分子不那么容易占据先机。我们的确需要一种抗病毒药物。"他还认为，天花药物有存在的必要，不仅因为它可以用来防御基因工程制造的超级痘，一旦发生天花恐怖袭击就需进行大规模接种，有些因接种而生病的人也可以用药物来治疗。

任何想要制造超级痘的国家或研究团队都必须在接种过疫苗的人身上进行测试，以了解它是否有效。"如果你说的是像伊拉克这样的国家，"布勒说，"天花人体实验是可以想象的。如果你有一个像萨达姆·侯赛因这样的人，他的科学家告诉他，需要一些人，以便检验一种基因工程天花的效果，他一定会回答说：'你们需要多少？每个年龄段都可以供应。'"

陈南海似乎不那么乐观。"因为 IL-4 鼠痘可以逃逸牛痘接种，这意味着 IL-4 天花可能非常危险，"他说，"这个实验与人类接种天花疫苗的情况非常相似。我认为 IL-4 天花是危险的。我认为它非常危险。"

隔在人类物种和超级病毒制造之间最主要的事物，是生物学家个体的责任感。鉴于人类本性和历史记录，有人正在用天花基因玩火看来也不是不可能。如果谷仓里的干草着火了，我们把一杯水倒在上面，但这杯水不能把火扑灭，那该怎么办？想要拥有核武器的国家都能如愿以偿地找到愿意制造核武器的物理学家。国际物理学家群体是在新墨西哥州沙漠上"三位一体"① 暴发的那束光中进入了成年的。生物学家们尚未经历过他们的"三位一体"。

一个孩子

在根除行动开始前的那几年里，每年死于天花的有 200 万人。那

---

① Trinity，人类首次核试验的代号，在美国新墨西哥州的沙漠里完成，是曼哈顿计划的一部分。——译者

些终结了这种自然疾病病毒的医生们，有效地拯救了 5 000 万到 6 000 万人的生命。这是医学史上的珠穆朗玛峰之巅，而他们却从未获得过诺贝尔奖。这些日子以来，斯坦利·O. 福斯特博士正在陆续重访之前工作过的地方，每年他都会有几次这样的旅行。2000 年，他决定乘坐火箭号去游览，于是带着一个小背包来到达卡的登陆点。这艘蒸汽桨式轮船就在码头上，完全没有变化，看起来还是她 1975 年时的样子，锈迹斑斑，人满为患。他在船上过的夜，靠在栏杆上，看着那些岛屿掠过，闻着河水和越来越浓的海水气息，日出后不久在贝里萨尔下了船，从那里租了一艘快艇，穿过海湾来到博拉岛。他乘坐路虎车驶向内陆，在人群中穿行，来到拉希玛的家。

这位年轻女子结婚后搬去了另一个村庄。她现在二十五岁，见到他非常高兴，尽管她还和跳进麻袋那天一样害羞。拉希玛有两个女儿，怀着第三个孩子，期待是一个儿子。她送了福斯特博士一件小礼物，他则给了她的孩子们一些蜡笔。

2001 年 11 月的一天，即炭疽袭击事件发生一个月后，日出时分，我开车向南穿越葛底斯堡，经过了葛底斯堡战场。这是一片由连绵不断的农场所组成的辽阔旷野，它看上去和南北战争时的样子没什么大不同。深棕色的大地，点缀着乌鸦，它们飞上了黄色的天空。小圆顶从眼前掠过，那是约书亚·张伯伦和他的缅因州战士们刺刀冲锋扭转局势的山头①。它只是又一个有着光秃秃树丛的大土墩而已。这条路把我带到了弗雷德里克，我和彼得·耶林、丽莎·亨斯利以及马

---

① 在美国内战（即南北战争）期间，曾是大学教授的张伯伦加入了联邦军队，一度担任第 20 缅因志愿步兵团的指挥官。1863 年 7 月 2 日的葛底斯堡战役中，在弹药不足的情况下，坚守在小圆顶的张伯伦命令手下将士们用刺刀冲锋，赶走并俘虏了 100 多名南方士兵，从而守住阵地。这一事迹为他赢得了荣誉勋章。——译者

克·马丁内斯一起走过 USAMRIID 的走廊。光线呈一种病态的绿色，空气中弥漫着烘烤设备味——巨大的高压蒸汽灭菌器正在对物品进行消毒。走廊左右都有分岔。马丁内斯身着军队服，腰间塞着一顶黑色贝雷帽。他在感应器上刷了下安全卡，推开一扇门，我们走进了病理室——一个冰冷的套间，那里没有危险的病原体。马丁内斯把我们带到一个无窗、绿墙的小房间，里面很简陋，有几个文件柜，一些工作台，还有一个通风橱。

"我一会儿就回来。"马丁内斯说道，然后离开了房间。

我们靠在柜子上等着。他要去一个储藏区，显然，是秘密的。

"你们将要看到的是一份国家资源。"耶林提醒说。

"我从来没见过。"亨斯利表示。

马丁内斯回来了，提着一个白塑料桶。他突然打开桶盖，取出一个塑料袋，里面有什么东西用黄色一次性手术服裹着。他把塑料袋放到通风橱里，打开，把手术服裹着的一坨倒了出来。缓慢而小心翼翼地，他剥开手术服，把它露了出来。

那是一条小孩的手臂，上面布满天花脓疱。手臂在尸体解剖时被切了下来。

这个孩子是美国人，白人，三到四岁，死于大天花。这就是陆军科学家们所能掌握的全部信息。

1999 年春天，印第安纳大学牙科医学院的一位教授带着手电筒去该校的一个黑地下室走廊探险，发现了一批属于去世已久的病理学家威廉·谢弗（William Schaffer）的罐子。其中一个就装着这只手臂，上面标了"M 243 天花"。没人知道谢弗教授是从哪里搞到它的。发现罐子的这位教授曾打电话给疾控中心的官员，问他们是否想要。疾控中心不想要一只长满天花的腌制手臂，所以教授把它交给了一家正在针对天花研究药物的制药公司。有一天，耶林去该公司讨论天花药物，对方的科学家提到，他们有一只天花手臂，问他想要吗？

"见鬼，给我吧。"耶林对他们说。

没有任何活人罹患这种疾病，一只长满天花脓包的手臂是一个极好的临床标本。他本来准备把这只手臂用塑料布包起来，放在随身行李中带回去，但他想到，如果机场安检人员发现了它会怎么做，所以改用快递把手臂运回 USAMRIID。

世界卫生组织禁止除美国疾控中心和俄罗斯 Vector 之外的任何实验室拥有超过 10％的天花病毒 DNA。由于罐子里的化学物质已经使 DNA 分解成微小的碎片，因此这只手臂是合法的。①

这只手臂平摊着，手掌朝下。马克·马丁内斯小心翼翼握住它，慢慢转，直到手掌朝上。他执起食指轻轻拗过来，打开手掌，露出那些正在暴发的离心疹。手臂上长满了深褐色脓包。孩子在脓包开始结痂的时候死去。结痂的颜色非常深。

丽莎·亨斯利透过玻璃盯着它。"我以前从来不知道天花有多严重，直到我后来看到了猴子身上的病变。你可以在这里看到同样的病变。"

马丁内斯站了起来，手臂留在通风橱里。我戴上一副乳胶手套，坐在凳子上，伸手进去，拿起那只手臂。可以闻到一股淡淡的、甜甜的贮存人肉味。有那么一瞬间，我怀疑这是否就是天花臭。把手臂翻过来，结痂开始落到我手上。天花的救生艇正在起航。

一只小孩手臂长满脓疱的样子，曾为我们祖先所熟知，但它已成为历史的遗迹和恐怖故事，对我们来说无比陌生。你我一生中从未见

---

① 原文如此，但这一说法值得存疑。——译者

过这样一只手臂，这本身就是一件非同寻常的事情，一份馈赠，未曾要求，超乎预想，而今无人知晓。一小部分医生，此外还有数千名乡村卫生工作者的加入，把它送给了我们。他们把自己打造成一支和平部队，手持武器——一根有两个头的针，在地球各个角落搜寻病毒，打开每一扇门，掀起每一块布。他们不休息，不袖手旁观，付出了所有的努力，直到天花消失。医学界从未有过更伟大的成就，人类精神也从未产生过更好的东西。

当我反思天花的灭绝时，我也想到了我们的未来。越来越多的人生活在城市里，城市居民很快就将占据一半以上的世界人口。根据联合国的预测，到 2015 年，地球上可能会有 26 座特大城市。其中 22 座将位于发展中国家①。也许只有 4 座将位于工业国家。届时，纽约和洛杉矶只算得上中等规模城市。

这些大城市分布在热带国家。到 2015 年，孟买将有 2 600 万人居住，拉各斯将有 2 400 万②。加州目前的人口是 3 500 万。想象一下，把加州三分之二的人口塞进一座城市，卫生条件差，医疗匮乏，政府效率低下。2 500 万人口彼此之间几小时就有可能遇上……这是一种飞跃，痘病毒在古埃及绝无可能发现这种程度的拥挤。如果没有足够的疫苗来阻止天花在一个巨大城市暴发，又或者病毒基因被动了手脚而突破疫苗，那么病毒就将飞快传播。世界上各个城市是通过航空线路网联系在一起的。出现在孟加拉国的病毒迅速就能到达比佛利山庄。一种基因工程病毒可以给地球上的每个社群都带来一点无形的坏消息。

---

① 联合国人居署的最终实际统计和这两个数字稍有出入：2015 年全世界有 29 个人口超过 1 000 万的特大城市，23 个位于发展中国家。——译者
② 联合国人居署 2015 年实际统计给出的数据是孟买 2 100 万，拉各斯 1 310 万。——译者

我打开孩子的手，把手指摊开在我的手掌上。孩子的手掌是一整个脓包。手指粘连在一起，所以几乎没有哪块皮肤上没有脓包。我可以看到指印的螺纹，命运和未来的掌丘。生命线和爱情线已被打断。

在这只手上，那个承受这一切磨难的孩子的痛苦已不复存在。我回忆起儿子出生几分钟后，我握着他的手时，是多么被它的完美而打动。我回忆起我的孩子们生病或需要安慰时，我握着他们小手的情景。我回忆起当我注意到他们的手在长大、逐渐填满我的掌心时，那种时光溜走的感觉。有一天，当生命离开了我的手，他们可能也会握住它。

我们永远无法为蚀刻在那个孩子手上的苦难找到解释，也无法为一些人对其他人所做的恶行找到解释，更无法为驱使医生们去终结天花的爱找到解释。然而，在他们做了所有那一切之后，我们手中仍然握着天花，死亡永远不会对它放手。我所知道的是，彻底根除之梦已经破碎。这种病毒最后的生存策略是迷惑它的宿主，把自己变成一种力量来源。我们可以从自然界中根除天花，但无法把它从人心里连根拔起。

术语表

扩增（amplification），病毒的增殖。

炭疽（anthrax），炭疽杆菌，一种杆状芽孢杆菌，在淋巴和血液中大量生长。这个名字来源于希腊语"黑色"一词，源于炭疽感染引起的皮肤变黑。

炭疽孢子（anthrax spores），微小的卵形孢子，1 微米长，当炭疽杆菌细胞遇到不利条件而无法继续生长时产生。大约 200 个孢子排成一排的厚度，相当于人类头发的直径。

抗病毒药物（antiviral drug），一种阻止或减缓病毒感染的药物。

生物武器（biological weapon or bioweapon），将导致疾病的病原体作为武器扩散到人群中。通常以特殊方式制备和处理，以便分散在空气中。

生物安全四级（Biosafety Level 4），最高等级的生物隔离；需要穿生物防护太空服。

蓝套装（blue suit），生物防护全身太空服，通常为蓝色。

《生物和毒素武器公约》（BWTC），一项国际公约，由 140 多个国家签署，禁止发展、拥有和使用进攻性生物武器。美国于 1972 年签署。

联邦疾病控制与预防中心（CDC），位于亚特兰大。

传播链（chains of transmission），感染链，通常在人群中分支传播。

重组病毒（construct），实验室制造的重组病毒。

细胞因子（cytokine），细胞释放的一种信号化合物，在血液和淋巴中循环并调节体内的系统。许多细胞因子在免疫系统中充当信使。

细胞因子风暴（cytokine storm），免疫系统和体内其他系统的失调和崩溃。

脱氧核糖核酸（DNA），包含生物体遗传密码的长而扭曲的阶梯状分子。阶梯的梯级或核苷酸碱基代表密码的字母。

哑铃核（dumbbell core），位于痘病毒颗粒中心的哑铃状实体，包含病毒的 DNA 或基因组，也被称为痘狗骨头。痘病毒独有。

基因工程病毒（engineered virus），DNA 或 RNA 中含有外源基因的重组病毒或构建病毒。

流行病学（epidemiology），追踪疾病在人群中起源和传播的科学和技术，目的是控制或阻止疾病。

扁平出血性天花（flat hemorrhagic smallpox），也称为黑痘。最为恶性的天花病，特征是出血和皮肤变黑（紫癜），基本上百分之百致命。

基因（gene），短片段 DNA，包含生物体中单个蛋白质或相关蛋白质组的遗传密码。

基因工程（genetic engineering），将基因从生物体的 DNA 中插入或去除，从而改变生物体遗传特征的科学和技术。

基因组（genome），细胞或病毒颗粒中的全部 DNA，包含生物体的完整遗传密码。（有些病毒使用 RNA 作为基因组。）

哈珀毒株（Harper strain），疾控中心天花储存库中的天花热毒株。

美国联邦调查局的危险物质反应部门（HMRU），化学或生物恐怖主义事件快速反应小组；驻扎在弗吉尼亚匡提科的 FBI 学院。

宿主（host），寄生生物存活于其体内和之上的有机体。

热（hot），有毒的，有传染性的，致命的。

IL-4 基因（IL-4 gene），白细胞介素-4 的编码基因，白细胞介素是一种调节免疫系统的常见细胞因子。

IL-4 天花（IL-4 smallpox），一种目前尚未知存在的基因工程天花，但一些专家担心，可能会在实验室中发生将人类 IL-4 基因插入天花病毒。最近的实验表明，IL-4 天花可能逃避疫苗，对人类具有超致死性。

印度 1 号毒株（India-1 strain），天花病毒的一种毒株，据信对人类具有极高的毒性，可能具有抗药性，已武器化，由苏联以吨数生产，用于装载洲际弹道导弹。

层流罩（laminar-flow hood），一个正面带有滑动玻璃的实验室柜，原理上类似于厨房炉子上的排气罩，用于保护样本不受污染和研究人员不受感染。

微米（micron），百万分之一米。炭疽孢子有 1 微米长。生物武器颗粒的理想尺寸为 1 至 5 微米，以便被深深吸入肺部。

镜像天花（mirrored smallpox），双倍收集的天花，保存在相同或"镜像"的冷柜中，指定为 A 和 B。如果一个冷柜丢失，收集在另一个冷柜中的天花仍保持完好。

鼠痘病毒（mousepox virus），一种与天花有关的鼠痘病毒。IL-4 鼠痘是一种基因工程鼠痘，可在某些类型的小鼠中突破某些疫苗诱导的免疫。见 IL-4 天花。

乘数（multiplier），由一个传染病病例引起的继发病例的估计数。在技术上被称为 R0。

二氧化硅纳米粉（nanopowder silica），极细的石英玻璃颗粒，可以混合成生物武器，使其更容易在空气中传播，从而在肺部更具传染性。

寄生生物（parasite），一种生活在宿主体内或之上的有机体，通常会伤害宿主。

移液管（pipette），用于移动少量液体的手持式按钮装置。

拣斑块（plaque picking），用移液管将感染病毒的细胞从孔板中吸出的方法。纯化基因工程病毒株的技术。

质粒（plasmid），环状的一小段DNA，在细菌生长时在细菌内部繁殖。质粒可以用外源基因改造，然后与病毒重组，制成基因工程病毒。

痘病毒（poxvirus），一个病毒大类，存在于哺乳动物、爬行动物、两栖动物、鸟类和昆虫中。痘病毒是自然界中最大、最复杂的病毒之一。

拉希玛毒株（Rahima strain），CDC储存库中的一种天花毒株，取自孟加拉国三岁女孩拉希玛·巴努的痂皮，是地球上最后一个自然感染大天花的人。

环围接种（ring vaccination），一种预防性技术，为疫情暴发周围的每个易感人群接种疫苗。

跨物种跳跃（trans-species jump），病毒改变宿主类型，从一个物种转移到另一个物种的过程。

美国陆军传染病医学研究所（USAMRIID），位于马里兰的德特里克堡。

疫苗（vaccine），一种化合物或病毒，当被引入体内时，会引起对疾病的免疫力。

突破疫苗（vaccine breakthrough），一种（通常是致命的）感染，破坏了人的疫苗诱导的免疫力。

牛痘（vaccina），与天花密切相关的痘病毒。它对人类的毒性比天花小得多，并被用作疫苗。

天花（variola），天花病毒的学名；有两种天然的亚型，大天花和小天花。

俄罗斯国家病毒学和生物技术研究中心（Vector），位于西伯利亚。

病毒（virus），最小的生命形式，一种利用细胞的机制只能在细胞内复制的寄生生物。病毒是由蛋白质组成的小颗粒，其核心含有DNA 或 RNA。

病毒武器（virus weapon），准备用作武器的病毒，通过基因工程制造。

井穴板（well plate），一种分为杯或孔状的塑料板，以便病毒在活细胞内生长；病毒基因工程的基本工具。

译后记

2022 年夏，正值全世界都被 COVID-19 大流行折磨得精疲力尽之际，又一起疫情引起了广泛注意。5 月初，从英国开始，多个国家陆续报道了多例猴痘疑似和确诊病例，至 7 月下旬，随着态势加剧，世界卫生组织把此次猴痘暴发定为"国际关注突发公共卫生事件"。1958 年这种病毒在实验猴子身上首次发现，故得此名，但实际上它的天然宿主更可能是啮齿动物和其他小型哺乳动物。^①

第一例人类猴痘病例 1970 年发现于刚果，此后不时散发于撒哈拉以南的非洲地区，也有旅行者会将之带到其他大陆，但一般很快就被控制或自然消失，2022 年的这次却显得有些反常，因为涉及国家和地区非常多，也一直没有消失。9 月初，中国大陆出现了首例猴痘患者。直到我撰写此文的 2023 年 4 月，仍有好几个国家和地区报道了新病例。

猴痘的杀伤力其实并不大，让科学界真正感到不安的事实在于，猴痘的表亲之一——天花——曾是历史上导致死亡人数最多的病毒，因此，其所在的正痘病毒属，一直受到严密监控。

天花分为大天花和小天花，大天花能引起极其惨烈的黏膜和皮肤症状，直至致命的大出血。即便侥幸存活下来，很多人也已严重毁容，余生生活质量都将受到影响。20 世纪六七十年代，由苏联政府发起并得到美国政府响应的根除天花行动在全世界轰轰烈烈地进行，通过不懈的努力，终于让天花病毒成为了第一个被剿灭的人类病原体。理查德·普雷斯顿在《冷柜里的恶魔》中写道："一小部分医生，此外还有数千名乡村卫生工作者的加入……手持武器——一根有两个头的针，在地球各个角落搜寻病毒……付出了所有的努力，直到天花消失。医学界从未有过更伟大的成就，人类精神从未产生过更好的东西。"

普雷斯顿写这本书的初衷，来自一个担忧：天花病毒并没有彻底从地球上消失。世卫组织允许美国亚特兰大的疾病预防控制中心与俄罗斯新西伯利亚国家病毒和生物技术研究中心在冰柜中保存根除者们从世界各地采集而来的天花样本，除此之外，还有其他一些实验室在合法或不合法地对痘病毒进行基因工程改造，甚至用于生物武器。

关于要不要彻底销毁天花病毒这一点，在生物学家和病毒学家中有过旷日持久的争吵。支持销毁的一方认为，这样才能杜绝它被别有居心地使用；反对销毁的一方则认为，保留它才能有机会研发出更有效的疫苗和抗病毒药。书中描述了这一纠结的过程，包括 2001 年一个美国科学家团队重新激活这些存储的病毒用于动物实验后，曾遭到来自各方的严厉指责与质疑。而另一个更严重的危机，是当时澳洲科学家已经开发出对疫苗具有免疫逃逸的鼠痘病毒，如果这一技术被用于改造天花病毒，后果也是不堪设想的。本书在"我们能不能控制这些冰封已久的病毒"的疑虑中戛然而止。

幸运的是，当科研的进展跨过某一道坎后，所有这些疑虑将云消雾散。2018 年美国 FDA 批准了第一个用于治疗天花的药物

---

① 2022 年 11 月 28 日，世卫组织声明将开始使用新的术语 mpox 作为猴痘的同义词，并逐步淘汰猴痘这一叫法。——译者

tecovirimat，三年后又批准了第二种治疗天花的药物 brincidofovir。2022 年的猴痘暴发中，丹麦生物医药公司巴伐利亚北欧的 Imvanex 疫苗被用来紧急应对，这款九年前获得批准的减毒疫苗原本是为了对付天花而开发的。

实际上，比实验室冰柜更大更危险的病原体储藏间存在于大自然中。近年来，随着全球变暖的加剧，越来越多科学家开始担心那些曾经冻结了数千年的病毒与病菌将会解冻，并再次出现于地表，它们中有许多对于人类来说是致命的。2016 年，西伯利亚一名儿童死于炭疽病，肇事的炭疽杆菌就来自很久以前埋在浅土层的一具动物遗骸。如此看来，不能排除五十年前被宣布根除的天花也具备卷土重来的可能性。

正是这样的一些事实让我相信，战胜恶魔的方法并非是回避它，而是去直面。

小庄

2023.4.21

图字：09 - 2020 - 819 号

图书在版编目(CIP)数据

冷柜里的恶魔 / (美) 理查德·普雷斯顿
(Richard Preston)著；小庄译. —上海：上海译文
出版社，2023.6
(译文纪实)
书名原文：THE DEMON IN THE FREEZER
ISBN 978 - 7 - 5327 - 9302 - 0

Ⅰ.①冷… Ⅱ.①理… ②小… Ⅲ.①纪实文学—美
国—现代 Ⅳ.①I712.55

中国国家版本馆 CIP 数据核字(2023)第 147342 号

冷柜里的恶魔

[美]理查德·普雷斯顿 著 小庄 译
责任编辑/张吉人 装帧设计/邵旻 观止堂_未氓

上海译文出版社有限公司出版、发行
网址：www. yiwen. com. cn
201101 上海市闵行区号景路 159 弄 B 座
上海盛通时代印刷有限公司印刷

开本 890×1240 1/32 印张 7 插页 2 字数 143,000
2023 年 9 月第 1 版 2023 年 9 月第 1 次印刷
印数：00,001—15,000 册

ISBN 978 - 7 - 5327 - 9302 - 0/I · 5795
定价：55.00 元